LA RÉPUBLIQUE
UNE ET INDIVISIBLE
OU LA MORT.

PROCÈS-VERBAL des Séances tenues dans l'Eglise Saint-Paterne d'Orléans, par le Citoyen LAPLANCHE, *Repréſentant du Peuple dans le Département du Loiret.*

AUJOURD'HUI trois ſeptembre 1793, l'an deuxième de la République Françoiſe une & indiviſible, à quatre heures du ſoir, conformément à la Lettre écrite le même jour, par le Citoyen Laplanche, Repréſentant du Peuple dans le Département du Loiret, aux Adminiſtrateurs de ce Département, & à l'Adreſſe de ces derniers à leurs Concitoyens, en date de la veille, les Corps conſtitués, le Général Heſſe, Commandant de la Pace, la Gendarmerie Nationale, la Société populaire & les Sections de la ville d'Orléans, les Commiſſaires nommés pour porter à la Convention Nationale le vœu des Aſſemblées primaires du Département ſur l'acceptation de la Conſtitution, & une foule immenſe de Citoyennes, ont accompagné le Citoyen Laplanche à l'Égliſe Saint-Paterne, déſignée comme offrant un emplacement commode & ſpacieux, pour les Séances du Repréſentant du Peuple.

A

Le Citoyen Laplanche, après avoir fait un exposé sommaire de l'objet de sa mission, dépose sur le Bureau, 1°. trois Décrets de la Convention Nationale; le premier, en date du 16 août 1793, qui charge les Envoyés des Assemblées primaires, en rentrant dans leurs foyers, de propager l'unité & l'indivisibilité de la République & les grandes mesures de sûreté générale; le second, du même jour, concernant le mode de réquisition des Citoyens levés en masse & le renouvellement des Administrations prévenues de Fédéralisme; le troisième, du 23 du même mois, portant nomination des dix-huit Commissaires de la Convention Nationale chargés de l'exécution du précédent Décret.

2°. Un Arrêté du Comité de Salut public, du 26 août 1793, qui fixe l'arrondissement que le Citoyen Laplanche, l'un des dix-huit Commissaires ci-dessus, devra parcourir.

Un Administrateur du Département fait la lecture de ces Décrets & Arrêté; elle est couverte d'applaudissemens universels & de mille cris répétés de *vive la République! vive la Montagne!*

Sur l'invitation du Citoyen Laplanche, les Députés des Assemblées primaires pour la Fête du 10 août entourent le Bureau, comme Mandataires du Souverain qui les a délégués.

Le Représentant du Peuple rappelle les prodiges enfantés chez les Romains par l'amour ardent de la Liberté; il compare la France, dont le territoire est souillé par les Tyrans & leurs vils Satellites, à Rome réduite au Capitole & sauvée par le courage d'une poignée de Républicains; mais ce n'est plus dans les annales de l'histoire ancienne qu'il vient chercher ses exemples: celles de la République Françoise lui en offrent d'assez frappans; il espère tout des braves Guerriers qui sont dans l'enceinte de cette Ville, & la Garnison de

Mayence obtient de fa bouche une mention honorable à laquelle ont applaudit unanimement.

« Ici, dit-il, tous les Citoyens ne peuvent point, comme
» dans les anciennes Républiques, défendre à la fois dans les
» Armées, la Patrie en péril ; c'eft donc à la Jeuneffe à
» marcher la première. Elle eft appellée par la Nature & par la
» Société à protéger la vie & les propriétés des Citoyens ;
» par la Liberté dont elle doit récueillir les fruits, à com-
» battre pour la foutenir. Que les Epoufes, que les Mères
» loin de pleurer fur le fort de ces Guerriers, imitent le
» dévouement ftoïque des femmes fpartiates & entonnent des
» Hymmes de combat. »

Le Citoyen Laplanche entrevoit bien des épines dans fa carrière ; il en coûtera fans doute à fa fenfibilité de trouver des coupables. L'immenfité de fes pouvoirs, le peu de temps qui lui eft donné pour les exercer, lui rendent auffi néceffaire que précieux le concours des lumières & du patriotifme : il jette fur-tout les yeux fur les Sociétés populaires qu'il appelle les Guerriers de l'intérieur, armés fans ceffe contre l'Ariftocratie ténébreufe : il requiert les Députés des Affemblées primaires à Paris, de venir le trouver, afin qu'il leur délègue, dans une Proclamation qui recevra toute la publicité poffible, les pouvoirs dont ils feront refpectivement invefits, foit pour la Levée en maffe, foit pour l'exécution d'autres mefures de fûreté générale. Il apoftrophe enfuite avec véhémence les Négocians Orléanois, & les invite, pour leur intérêt perfonnel autant que pour le bien public, à ouvrir dans ces momens difficiles, aux Autorités conftituées leurs porte-feuilles affez enflés par la Révolution. Il promet aux Parens pauvres des généreux défenfeurs que le Département du Loiret a fournis à la République, de ne point quitter les murs d'Orléans, que leurs befoins ne foient foulagés. Il réquiert en conféquence les Conseils généraux des diverses Communes, de taxer d'office, dès demain, les Riches inciviques & les Egoïstes indifférens, au prorata tant de leurs facultés que des besoins auxquels ils doivent subvenir. S'il s'en trouvoit d'assez lâches & d'assez ennemis d'eux-mêmes pour se refuser à remplir la tâche qui va leur être imposée, les Conseils des Communes seront tenus d'en dresser des listes qui, d'abord, seront remises à l'Administration du Département, pour user à cet égard de toutes les voies de contrainte nécessaires, & qui ensuite seront adressées à la Convention Nationale, par l'intermédiaire du Citoyen Laplanche.

Il termine son Discours par une invitation générale à tous les Citoyens & Citoyennes de venir le trouver, soit dans les Séances publiques qu'il tiendra, soit au milieu de ses travaux particuliers, afin de l'entourer de tous les traits de lumière qu'ils auront pû receuillir sur les abus qui existent dans les diverses branches de l'Administration publique, & de lui dénoncer tout ce qui sera susceptible de l'être.

Le Discours du Représentant du Peuple a été suivi des applaudissemens les plus vifs & qui se sont prolongés pendant un assez long espace de temps.

Alors le Citoyen Chamouillet réclame & obtient la parole. Organe de la Société populaire, il demande que l'on entende le Citoyen Rousseau, sur un rapport qu'il doit faire relativement à un objet important dont la Société s'est occupée dans sa Séance d'hier.

Le Citoyen Rousseau monte à la Tribune & dévoile un grand Attentat commis contre la Liberté dans la personne du Citoyen Thibault, Curé de Pithiviers, & Patriote reconnu; » son dénonciateur, dit-il, est Hautefeuille, ci-devant » Procureur-Syndic du District de Pithiviers, aujourd'hui » suspendu de ses fonctions & dont l'Aristocratie n'est point

» un problême pour les bons Citoyens. Hautefeuille a ofé
» déclarer que le Citoyen Thibault avoit dit que quarante
» mille Prêtres étoient en état d'imprimer à la Révolution
» un mouvement rétrograde. Mais cette abfurde dénonciation
» n'eft faite que cinq mois après que ce prétendu propos
» pourroit avoir été tenu : Hautefeuille, fuppofé que l'objet
» en fût réel, eft donc coupable de Lèfe-Nation pour l'avoir
» auffi long-temps célée. Ce n'eft pas tout : fon crime eft partagé
» par l'Adminiftration du Département qui députe Levaffeur,
» un de fes membres, pour informer dans cette affaire. Le Ci-
» toyen Goulu, bon Républicain, à la foibleffe de fe laiffer
» adjoindre à lui dans cette miffion aftucieufe. Levaffeur fait
» traîner en prifon le Curé Patriote, comme un vil fcé-
» lérat. » Le Citoyen Rouffeau termine cet article en de-
mandant la peine du Talion contre Hautefeuille dénonciateur
du Curé & contre Levaffeur fon Agent.

Le Citoyen Rouffeau déclare que tandis qu'il eft queftion
du Département ; il doit articuler contre lui toutes les inculpations qu'il a méritées.

Ces inculpations ont quatre objets principaux :

1°. De s'être entouré d'une force départementale, en pro-
longeant le féjour à Orléans, d'un Bataillon du Département
de Seine & Marne, qu'il foudoyoit à trente fous par jour,
pour favorifer fes Complots liberticides ;

2°. D'avoir compromis la partie effentielle du fervice Public,
relative aux Subfiftances ;

3°. D'avoir accaparé 300 fufils pour en armer les Rebelles
qu'il fe propofoit de faire marcher contre nos Frères de
Paris.

4°. D'avoir fait paffer, par des Agens extraordinaires, à
fix Départemens circonvoifins, l'Adreffe contre-révolutionnaire

du Département de la Gironde, fur la fainte infurrection du
2 juin.

Le Citoyen Rouffeau finit par une dénonciation perfonnelle
au Procureur-général-Syndic, & qui frappe fur une Lettre écrite
par ce dernier à la Société Populaire d'Orléans, & dans laquelle
il a ofé menacer de fon autorité la Souveraineté du peuple qui
s'étoit manifeftée en excluant de fon fein des Repréfentans
indignes de porter ce nom cher & facré.

Sochet, Procureur-général-Syndic, obtient la parole, pour détruire ces différens chefs d'accufation.

Sur le premier, il déclare que le Bataillon de Seine & Marne,
qu'on reproche au Département d'avoir confervé dans des vues
fédéralifles, a de tout temps été deftiné pour la Vendée, &
que fon départ n'a été retardé que par le Général Heffe lui-
même, qui n'a pas cru pouvoir en effectuer fur le champ l'orga-
nifation ; qu'à l'égard des 30 fous de paie par jour qu'on fuppofe
avoir été donnés à ce Bataillon, également par un motif contre-
révolutionnaire, ils leur ont été accordés par le Département
de Seine & Marne, & celui du Loiret n'a pas craint, en
en faifant l'avance, d'engager fa propre refponfabilité pour
fixer ces foldats fous les Drapeaux de la République.

Il fe réfère fur la deuxième inculpation, concernant les
Subfiftances, aux doffiers exiftant dans les Bureaux du Département qui, ajoute-t-il, par l'avance de 50,000 liv. qu'il a faite
pour cet objet à la municipalité d'Orléans, a donné une preuve
fuffifante de fa follicitude à l'égard des approvifionnemens de
de cette Ville. Il fe lave du reproche d'avoir établi un Marché dans la Commune d'Ingré, en difant que la liberté du
Commerce juftifioit cette mefure, & qu'un Décret récent
permet aux Municipalités de créer dans leurs Refforts des
Marchés, lorfqu'elles le jugeront convenable, & fans en référer
à aucune Adminiftration fupérieure.

Quant au troisième grief, c'est-à-dire, l'accaparement d'Armes, le Procureur-général-Syndic prétend qu'il se détruit de lui-même par l'exposé des faits. Le Directoire a acheté 300 Fusils pour en armer ses Concitoyens ; il s'est empressé d'en faire la distribution entre les Districts, avec recommandation de ne les délivrer qu'aux Patriotes, & non aux ci-devant nobles & autres gens suspects ; cette répartition a eu lieu dès le 7 Juin, & si le Directoire eut eu des vues anti-civiques, il auroit gardé ces Fusils, pour servir à ses projets.

Le dernier Chef d'accusation étoit l'envoi de l'adresse Bordeloise dans six Départemens.

Sochet, en avouant que le mystère de cette opération peut faire naître des soupçons défavorables contre l'Administration, prétend que l'on doit s'attacher non pas à ce point, mais, au contenu de ces Lettres clandestinement écrites. Il assure que c'étoient des envois purs & simples d'une Adresse faite à la Convention Nationale même par le Département de la Gironde, dans un temps où sa Rébellion n'avoit pas éclaté, & où l'on ne pouvoit pas en puiser des indices dans cette Adresse qui n'offroit rien qui visât au Fédéralisme. Il ajoute que les Membres du Directoire avoient si peu le dessein de faire des Prosélytes à cette pétition, qu'ils l'ont fait passer aux Départemens d'Eure & Loir, & de Loir & Cher, dont le ralliement autour de la Montagne étoit, dès cette époque, parfaitement connu ; que d'ailleurs, s'ils avoient eu des intentions telles qu'on les leur suppose, ils l'auroient communiquée aux Districts & Communes de leur Département, pour se les affilier ; puisque huit Administrateurs ne peuvent pas fédéraliser seuls & sans le concours des autorités secondaires.

Il lui restoit à se disculper du reproche personnel d'avoir écrit à la Société Populaire d'Orléans, une Lettre anti-civique. Pour y parvenir, il a dit que les Députés, Lesage, Mariette,

Duval & Beaupré, qui ont succédé Prieur, Jullien & Bourbotte, dans les murs d'Orléans, quoiqu'ils ne fussent pas dans le sens de la saine partie de la Convention, n'en étoient pas moins alors les Représentans du Peuple, & qu'à ce titre ils avoient le droit de se présenter dans tous les lieux où le Peuple s'assemble ; que dès lors il avoit cru qu'il étoit de son devoir d'écrire à la Société Populaire pour qu'elle s'expliquât sur le véritable sens de l'Arrêté, par lequel elle déclaroit que si Lesage & ses Collègues se rendoient dans son sein elle les en expulseroit.

Le Citoyen Bellecourt à la parole sur ce fait. « Sochet, » que je rencontrai, dit-il, me fit lire cette Lettre qu'il se » proposoit d'écrire au Président de la Société Populaire d'Or- » léans ; je l'exhortai de tous mes moyens à n'en rien faire ; » il me tourna le dos pour toute réponse. De plus, il étoit » présent à la Société lorsqu'on prît l'Arrêté relatif à l'expul- » sion de Lesage & ses Collègues, & se tut lâchement sur » cet objet. »

Le Procureur-général-Syndic veut répliquer ; quelques Citoyens, crient *à bas de la Tribune* : le Représentant du Peuple les rappelle à l'ordre : « Laissons, dit-il, l'aristocratie » se prendre dans ses propres filets ; la troubler, ce seroit » la servir. »

Sochet est entendu paisiblement. Il nie avoir rencontré le Citoyen Bellecourt avant l'envoi de sa Lettre ; il avoue avoir été présent à la Séance de la Société Populaire, au moment où l'Arrêté fut pris, & motive son silence sur ce que ses fonctions publiques n'eussent plus été libres, s'il eut pris part, comme Citoyen, à la discussion d'une affaire dans laquelle il étoit intéressé comme Magistrat.

Le Représentant du Peuple demande au dénoncé quelle est la substance de sa Lettre.

Sochet

Sochet la donne conformément à ce qu'il en avoit dit plus haut, & avoue qu'elle fe terminoit à peu près par ces mots : *Je vous requiers de m'envoyer votre Arrêté dans les 24 heures.*

Le Citoyen Goulu obferve qu'elle portoit cette expreffion defpotique : *Je vous fomme*, &c. Le Procureur-général-Syndic le nie.

Sochet propofe des moyens de juftification de la conduite qui a été tenue à l'égard du Citoyen Thibault, il entre dans les détails qui ont précédé & fuivi cette affaire.

» Hautefeuille dénoncé à l'Adminiftration du Département
» par le Comité de Surveillance de la Société Populaire de
» Pithiviers, comme ayant tenu dans plufieurs circonftances
» importantes une conduite foible & équivoque, foit en pro-
» pofant à l'Affemblée Electorale qui a eu lieu à Pithiviers,
» de furfeoir au remplacement d'un Curé réfractaire, foit en
» temporifant pour l'exécution de la Loi du 26 Août 1792,
» à l'égard de deux Prêtres infermentés, foit en n'affiftant
» pas à la Fête Funèbre célébrée par des Républicains en
» l'honneur de Lepelletier mort pour la Liberté, foit enfin
» en ne rompant pas fes liaifons avec des familles devenues fuf-
» pectes, a été fufpendu provifoirement de fes fonctions par
» Arrêté du 27 Août dernier. »

« Le 29, Hautefeuille fe préfenta au Département pour
» offrir une juftification qui ne fût admife que parce qu'il avoit
» de nouveaux faits à faire connoître. C'eft à la Séance pu-
» blique du même jour qu'il a fait contre le Citoyen Thibault,
» une dénonciation de la plus haute importance. » Le Procureur-général-Syndic alors fait lecture de l'Arrêté auquel cette dénonciation à donné lieu. Il annonce enfuite que, fi le Directoire du Département n'a pas chargé la Municipalité de Pithiviers d'informer, c'eft parce que Thibault lui avoit

B

dit, il y a environ 15 jours, que cette Municipalité n'avoit pas la confiance de la Société Populaire.

« Le Directoire a, en conséqence, nommé pour Commif-
» faire le Citoyen Goulu que fon civifme mettoit à l'abri de
» tout foupçon fur l'intégrité de fa conduite ; il lui a adjoint
» un de fes Membres : c'est alors, continue Sochet, que l'on
» a fait un crime au Département d'avoir pris des mefures que
» néceffitoit la dénonciation importante du Procureur-Syndic
» du Diftrict de Pithiviers, puifque l'arreftation du Citoyen
» Thibault a eu lieu, non fur la dénonciation, mais bien fur
» la dépofition de trois Témoins. »

Ici, le Procureur-général-Syndic fait l'éloge de fon Collègue Levaffeur ; & dit qu'il le dénonceroit lui-même s'il lui connoif-foit des principes contre-Révolutionnaires.

Sochet protefte de fon Patriotifme, il invoque la Corref-pondance qu'il a eue avec les Miniftres, & prie le Repréfentant du Peuple, s'il a des pièces entre les mains qui foient à la charge du Département, de lui en donner communication. Il ajoute : « on dit que nous n'avons pas la confiance du Peuple : » en cet endroit le Peuple crie : *non... non... non....* Il continue & dit : « l'opinion publique a pu être égarée... » murmures. Des voix crient : *à l'ordre.* L'Orateur s'explique, & dit que l'opinion du Peuple eft toujours faine par elle-même, mais qu'elle a pu être égarée par des faits.

Ici le Repréfentant du Peuple invite l'Affemblée à faire filence, & déclare qu'il ne levera pas la Séance fans avoir prononcé fur Thibault, Sochet, Levaffeur & Devilliers.

Le Citoyen Rouffeau monte à la tribune une feconde fois & réplique, ainfi qu'il fuit, aux moyens de défenfe du Procureur-Général-Syndic :

» Vainement voudroit-on prétendre que l'Adreffe Borde-
» loife ne déceloit pas le venin de fes auteurs. J'en prends à

» témoin la véhémence vertueuse avec laquelle Torné à carac-
» térisé, à la barre de la Convention, cette pièce liberticide;
» Elle seroit une preuve suffisante contre les Administrateurs du
» Département du Loiret, si la manière avec laquelle ils ont
» fait colporter cette infâme pétition, laissoit, à cet égard,
» quelque chose à désirer. Ils ont séduit l'indigence pour en
» faire l'agent du crime. L'un de leurs Commissaires, le Citoyen
» Laforêt, a fait sa déclaration entre les mains du Procureur
» de la Commune d'Orléans & les miennes. Pourquoi n'avoir
» pas mis cette Adresse à la Poste d'Orléans, & avoir recom-
» mandé au Porteur de ne mettre qu'à celle de Salbris, le
» paquet qu'ils envoyoient à Bordeaux ? »

Le Citoyen Laplanche interpelle l'Administration de déclarer les Noms de ses six émissaires.

Le Procureur-Général Syndic. « Je ne m'en souviens pas. »

Le Citoyen Laplanche. « Vous employiez donc des hommes
» inconnus ? »

Sochet. « C'est précisément parce qu'ils nous étoient in-
» connus, qu'on ne peut les soupçonner d'avoir été nos affidés. »

La Citoyenne Laforêt, femme de l'un d'eux, se présente devant le Bureau.

Le Citoyen Laplanche. « Est-ce le Département ou le Pro-
» cureur-Général Syndic seul qui a investi votre Mari de sa
» Mission ? »

La Citoyenne Laforêt. « C'est le Département. »

Le Citoyen Laplanche. « Votre Mari est-il l'agent ordi-
» naire de l'Administration ? »

Réponse. « Elle ne l'avoit jamais employé. »

Le Citoyen Laplanche. « De quelle manière s'y est-on pris
» pour le charger de cette mission ? »

La Citoyenne Laforêt. « On est venu le chercher à dix
» heures & demie du soir ; on lui a dit de descendre, parce

» qu'il s'agiſſoit d'un objet dont on ne parloit pas tout haut. »
Cette Citoyenne raconte alors de quelle manière, après avoir
beaucoup débattu le prix, ſon Mari s'eſt chargé de ce paquet,
& la menace d'arreſtation qui lui avoit été faite par l'Adminiſtration du Département du Cher, que l'indignation la plus
vive avoit ſaiſie à la lecture de ces dépêches. « Laforêt, de
» retour à Orléans, fait éclater ſon mécontentement d'avoir
» été ainſi abuſé ; le Maire d'Orléans le fait partir, pour s'ex-
» pliquer devant la Convention Nationale. »

Le Citoyen Laplanche. « Y a-t-il encore ici d'autres Emiſ-
» ſaires du Département ? »

Une voix nomme le Citoyen Albert qui ne ſe préſente pas.

Le Citoyen Laplanche au Procureur - Général Syndic.
» Pourquoi avoir préféré la voie de ce Commiſſionnaire à
» celle de la poſte ? »

Sochet. « Parce que les canaux de la poſte paſſoient pour
» être interceptés dans plus d'une ville. »

Le Citoyen Laplanche. « Quels ſont les autres Départemens
» à qui vous avez encore écrit ? »

Sochet. « Ceux d'Eure & Loire, de l'Yonne, de Loir &
» Cher, de Seine & Marne, de la Nièvre & d'Indre & Loire. »

Le Citoyen Laplanche. « Quels ſont les Signataires de cette
» Lettre ? »

Tous les Membres du Directoire interpellés ſucceſſivement
ſur ce point, avouent avoir ſigné, ſauf le Citoyen Benoît,
pour cauſe d'abſence, & le Citoyen Marchand, quoiqu'il fut
préſent.

Le Citoyen Laplanche. « La menace d'arreſtation faite à
» Bourges au Porteur de la dépêche, annonce aſſez combien
» étoit criminelle l'Adreſſe qu'elle renfermoit : Que répondez-
» vous à cet argument ? »

Sochet. « Il peut y avoir plusieurs opinions sur le même fait. » L'intention du Département doit s'expliquer par sa conduite » habituelle & par sa correspondance. »

Le Citoyen Pignon, Procureur de la Commune d'Orléans, fait alors lecture des Déclarations des six Emissaires du Département ; elles confirment les dispositions ci-dessus.

Le Citoyen Représentant demande qu'on lui en donne une copie.

Le Général Hesse monte à la tribune au milieu des applaudissemens ; il dit qu'en ce qui concerne le Bataillon de Seine & Marne, on lui a constamment refusé tout éclaircissement sur cet objet, ce qui étoit d'autant plus facile que le précédent Commissaire des Guerres, Chandeau, étoit l'agent de confiance du Département, dont il déclare au surplus avoir pénétré depuis long-temps les vues fédéralistes.

Le Procureur-général-Syndic recuse le Général Hesse, sous le double rapport d'Etranger, & de ci-devant Prince ; « il » est, dit-il, constaté par la correspondance existante dans les » Bureaux du Département, que, dès avant le 31 mai, ce » Général avoit connoissance de la destination du Bataillon de Seine & Marne. »

Devilliers. « Si nous avons voulu faire servir ce Bataillon à » des projets fédéralistes, la Trésorerie Nationale, le Dépar- » tement de Seine & Marne, le Ministre de la Guerre & le » Comité de Salut public même sont nos complices, puis- » qu'ils ont participé à cette opération au sujet de laquelle » le Département de Seine & Marne vient de nous féliciter » récemment. On devroit plutôt nous voter des remercîmens » à ce sujet. » *Grands murmures.*

Le Président du Département. « Le Citoyen Guillon peut » déclarer que le Comité de Salut public nous dit, lors de » notre mission près de lui, qu'en ce qui concernoit l'incul-

» pation faite au Département par rapport au séjour à Orléans
» du Bataillon de Seine & Marne, c'étoit une affaire terminée,
» & qui n'étoit pas susceptible de suite. »

Le Citoyen Guillon. « Le Citoyen Cambon .ous dit seule-
» ment qu'il avoit des renseignemens suffisans sur ce fait. » Le
Général Hesse observe que le motif pour lequel il s'est opposé
constamment au départ du Bataillon de Seine & Marne pour
la Vendée, étoit puisé dans les inconvéniens graves qui devoient
être le résultat nécessaire de la haute-paye accordée à ce Bataillon, puisqu'en plaçant un corps de troupes à la solde de 30 s.
par jour, à côté d'un autre qui n'en recevroit que 15, ce seroit
allumer dans l'Armée les torches de la discorde, & faire naître
une petite Vendée dans le sein de la Vendée même.

Le Citoyen Rousseau fait une dénonciation nouvelle contre
les Administrateurs du Département, pour avoir escorté Lesage,
& ses collègues, dans une séance que ceux-ci tinrent à la Municipalité, où ils proposèrent sans pudeur, la levée d'une Force
départementale contre Paris.

Le Citoyen Laplanche invite à s'approcher du Bureau, tous
les citoyens qui attestent ce fait; & se sont en conséquence
présentés successivement les Citoyens Segretier, Molliere, Chef-
neau, Bonneau, Besserve, Payen, Bardin, Chamouillet, Menard,
Dallaine, la Guette, Blin, Romagnesy, & Bélin, qui ont pro-
testé qu'ils signeroient leur déclaration lorsqu'ils en seroient
requis.

Le Citoyen Molliere. « Le District accompagnoit le Dépar-
» tement à cette Séance qui fut dissoute précipitamment par
» les mauvaises nouvelles que le Journal du soir apporta sur
» les affaires de la Plaine. »

Le Président du Département déclare qu'il étoit absent &
qu'il ignore tout ce qui concerne cet objet.

Les Citoyens Bonneau, Besserve & Goülu donnent successivement des détails sur cette Séance qu'ils traitent de contre-révolutionnaire, & où le Département, disent-ils, garda un silence approbatif, tandis que le Citoyen Besserve réfuta fortement Lesage & ses adhérens.

Nicole. « Dans une Séance de ces Députés au Département,
» (car c'étoit leur lieu favori) les Membres de la Municipalité
» furent traités de factieux & d'anarchistes; le dessein où le
» Département étoit de parvenir à leur destitution, se cachoit si
» peu que le Président en avoua l'existence au Citoyen Bellecourt.

Le Président nie ce fait que le Citoyen Bellecourt confirme.

Le Citoyen Chamouillet reproduit l'article des Subsistances, & inculpe le Département pour n'avoir pas fait exécuter assez promptement la Loi relative à la taxation du Bled.

Sochet. « Nous ne pouvions exécuter cette Loi, tant que
» les Districts ne nous avoient pas fait passer les Mercuriales
» de leurs Marchés respectifs; c'est même sur un petit nombre
» de ces Pièces que nous avons enfin été forcés d'asseoir notre
» opération. »

Devilliers. « Les envois successifs de Bleds, que nous avons
» faits pour l'Armée de la Vendée, ont été provoqués, no-
» tamment par une réquisition du Général Berruyer; la Mu-
» nicipalité d'Orléans en avoit une parfaite connoissance; elle
» s'est même chargée de l'expédition de ces envois. »

Le Citoyen Molliere dénonce la Correspondance qui a existé entre Sochet & Roland.

Sochet. « La Lettre qui m'attire ce reproche a été écrite
» au nom du Département, & je me soumets au scellé. »

Le Citoyen Laplanche. « Quel en étoit l'esprit? »

Sochet. « De déclarer, d'après l'interpellation que Roland
» nous en avoit faite, que loin qu'il existât dans sa correspon-
» dance avec nous aucune preuve d'incivisme, elle étoit au

» contraire digne de l'éloge des vrais Patriotes. J'en ai inftruit
» les Citoyens Bourbotte, Prieur & Jullien.

Le Citoyen Goulu. « Le Département a admis dans le corps
» de la Gendarmerie Nationale un ex-Marquis dont l'âge étoit
» au-deffous de celui que la Loi prefcrit, & deux ci-devant
» laquais de Nobles, qui n'avoient ni l'âge, ni la taille, ni
» certainement le temps de fervice néceffaire. Il a en outre
» donné un certificat de Civifme au Lieutenant-Colonel de ce
» Corps, Fontaine-Moreau, à qui la Commune l'avoit refufé. »

Le Général Heffe. « Je certifie ces faits; j'ai chez moi les
» pièces qui les atteftent. »

Devilliers. « Nous n'avons donné à Fontaine-Moreau, qu'un
» Certificat d'obéiffance aux réquifitions, & d'exactitude dans
» le fervice qui lui étoit confié, mais, fans faire mention de
» fon Patriotifme. »

Sochet. « A l'égard de l'indulgence que nous avons mife dans
» l'admiffion de quelques Gendarmes, on doit en attribuer la
» caufe à la pénurie de fujets, & à la néceffité de completter
» ce Corps intéreffant : le Département, au refte, a refufé tous
» ceux qui ne préfentoient pas de Certificats de civifme, & fi
» quelques-uns de ces actes ont été délivrés légèrement, c'eft
» à la Municipalité qu'il faut s'en prendre. »

Le Citoyen Goulu. « Lors de l'affaffinat de Léonard Bourdon,
» le Département rendit un compte fallacieux de cet évènement
» funefte en déclarant qu'il n'étoit que la fuite d'une rixe. ».

Le Repréfentant du Peuple. « Vous venez d'entendre les
» dénonciations faites contre le Département, & fes moyens
» de défenfe; pour que je puiffe prononcer fur fon fort en
» parfaite connoiffance de caufe, j'invite tous les Citoyens &
» Citoyennes, ici préfens, à articuler de nouveaux faits, s'il en
» eft à leur connoiffance. »

Le Citoyen

Le Citoyen Valentin Michel accuse le Département d'avoir refusé à un brave Sans-culotte une Commission de Gendarme.

Le Citoyen Molliere le dénonce pour avoir admis dans la Gendarmerie deux Domestiques de ci-devant Nobles détenus, dans le même temps, aux Minimes.

Le Citoyen Thibaut reproche à l'Administration de n'avoir pas fait droit à la dénonciation de la Société Populaire de Pithiviers, contre le Corps Municipal de cette Commune, composé tout entier d'Aristocrates & de gens suspects.

Le Représentant du Peuple invite les Députés de Pithiviers, de présent à Orléans, à se rendre demain matin chez lui.

Sochet dit ne pas se rappeler le fait avancé par le Citoyen Thibault; il s'étonne au surplus, que la Société Populaire n'ait pas remis cette affaire sous les yeux du Département à qui ses nombreuses occupations avoient pu la faire perdre de vue.

Le Citoyen Laplanche. « Est-il un seul Citoyen qui, revêtu
» de mes pouvoirs, ne put, en son ame & conscience, pro-
» noncer sur cette cause? Quelque Citoyen veut-il être le Dé-
» fenseur Officieux du directoire du Département? »

Personne ne se présente.

Le Citoyen Laplanche. « J'interpelle tous les Citoyens &
» Citoyennes de déclarer si le Département a leur confiance. »

Tous, *non, non.*

Le Président de la Section de la Loi. « Il y a dix jours que
» nous avons déclaré que le Département avoit perdu notre
» confiance, & notre arrêté sur cet objet a été communiqué
» à toutes les Sections. »

Le Représentant du Peuple requiert du Président de la Section de la Loi que l'extrait de son Procès-Verbal lui soit apporté demain. Le Président promet de satisfaire à la demande du Citoyen Représentant.

C

Le Peuple interpellé succeſſivement par le Citoyen Laplanche, de répondre ſi Sochet, Devilliers & Levaſſeur ont ſa confiance, répond que non, d'un cri unanime.

Même interpellation a lieu pour Charrier : pluſieurs Citoyens répondent, non, quelques-uns, oui.

Les Citoyens Bellecourt & Nicole atteſtent de la loyauté dans cet Adminiſtrateur.

Le Citoyen Laplanche. « Ma Religion n'eſt pas ſuffiſam-
» ment éclairée ; je vais mettre une ſeconde fois aux voix
» s'il a ou non la confiance du Peuple. »

Mêmes cris contradictoires, quoique plus forts pour la négative.

Molière demande que, pour fixer l'opinion du Peuple ſur la confiance qu'il doit accorder ou refuſer à ces Adminiſtrateurs, on déclare qui d'entr'eux ont ſigné la Lettre portant envoi de l'Adreſſe Bordeloiſe.

Tous ſont reconnus l'avoir ſignée, ſauf Benoît, pour abſence, & Marchand, par refus.

Le Citoyen Laplanche à Marchand. « Je vous interpelle
» de déclarer, avec la franchiſe d'un Républicain, ſi l'on
» vous a propoſé de ſigner cette Lettre. »

Marchand. « Oüi : Citoyen, & j'ai refuſé de le faire. »

Le Repréſentant. « Mention honorable de ce refus civique
» ſera faite au Procès-Verbal. » Des applaudiſſemens multipliés ſe font entendre.

Le Citoyen Laplanche au Peuple. « Le Citoyen Marchand
» a-t-il votre confiance ? » Le Peuple déclare qu'oui d'une voix unanime.

Une interpellation ſemblable eſt faite pour le Préſident Benoît. La contrariété des opinions ſur ſon compte amène une diſcuſſion très-longue & très-vive.

Laguette dit qu'à l'époque des événemens du 16 septembre 1792, à Orléans, Benoît, Préfident du Département & alors un des Officiers Municipaux d'Orléans, étant arrivé devant la Maifon de Prozet avec la force armée, un de ceux qui la compofoient tira fous fes yeux un coup de fufil fur un Citoyen dont il vit fauter le crâne en l'air; que Benoît alors fe porta vivement fur les Citoyens préfens & les culbuta par terre avec violence : que l'homme tué fût porté à l'Hôpital pour y être enterré comme s'il eût été mort dans cette Maifon.

Le Citoyen Laplanche interpelle le Peuple de n'émettre que fucceffivement fon vœu, foit en faveur de Benoît, foit contre lui. La maffe de ceux qui lui font défavorables paroît évidemment l'emporter fur celle des autres.

Les interpellations relatives à Bouhebent & à Aubry amenent un réfultat négatif, avec cette différence que le premier eft rejetté pour caufe d'Ariftocratie, le fecond pour caufe de pufillanimité & de nullité de moyens.

Le Citoyen Laplanche demande au Peuple s'il voit avec plaifir le Confeil du Département; plufieurs voix répondent que non.

Hanapier, d'Achères, réclame la deftitution de Defcourtils, comme Agent, tant du défunt Évêque d'Orléans, que de l'Évêque actuel du Département, & comme étant un intriguant qui s'eft fait nommer par cabale. Il lui reproche en outre fon affiduité aux Séances d'une Adminiftration Anti-Républicaine.

Le Repréfentant du Peuple obferve au Dénonciateur qu'il eft abfurde de faire un crime à un Fonctionnaire Public de fe rendre affiduement à fon pofte. Hanapier balbutie; quelques Citoyens atteftent le Patriotifme de Defcourtils; le

Repréfentant paffe à l'ordre du jour. Il demande enfuite fi le Confeil en maffe à la confiance du Peuple.

Plufieurs voix répondent qu'oui, mais affez foiblement. Sur l'obfervation faite par le Citoyen Rouffeau, qu'il exifte dans ce Confeil une infinité d'honnêtes Cultivateurs dont l'ame n'a jamais été corrompue par le moindre levain d'Ariftocratie ; le Citoyen Laplanche déclare qu'il n'entendra que des dénonciations individuelles fur le compte de ces Adminiftrateurs.

Le Citoyen Laplanche. « Je reviendrai fur cet objet, ainfi
» que fur le compte des deux autres Corps Adminiftratifs ;
» le temps ne me permet pas de m'en occuper aujourd'hui.
» En attendant, ma Religion eft fuffifamment éclairée par
» rapport au Directoire du Département ; je réquiers que le
» Secrétaire de cette Adminiftration & fon Adjoint rédigent,
» toute affaire ceffante, & me remettent enfuite deux expé-
» ditions du Procès-Verbal de cette Séance : je continuerai
» demain à m'occuper des grandes mefures de falut public ;
» ce cahos débrouillé, je confacrerai une foirée à vifiter la
» Société Populaire & les Sections, que j'invite à fe rendre
» ici jufqu'à ce moment. L'affaire du Citoyen Thibault fera
» terminée dans la prochaine Séance. Demain à onze heures
» je me rendrai à la Municipalité ; j'invite tous les Citoyens
» & Citoyennes, ainfi que tous les Commiffaires, foit des
» Affemblées Primaires, foit des divers Départemens pour
» les Subfiftances, qui pourroient être préfentement dans les
» murs d'Orléans, à s'y trouver : je me propofe d'y traiter
» dans fon entier le grand article des Subfiftances. Je parlerai
» de la Contribution en nature exigée des Fermiers. Je re-
» nouvelle aux Municipalités l'injonction de la Taxe d'Office
» dont le but eft de fubvenir fans délai aux befoins des
» Familles indigentes des braves Défenfeurs de la Patrie ; j'in-

» vite tous les Citoyens à me procurer des Renseignemens sur
» le Civisme du Corps de la Gendarmerie Nationale. »

Avant de lever la Séance, le Citoyen Laplanche fait ouvrir par le Président du Département, une Lettre de Pithiviers qui pouvoit être relative au Citoyen Thibault : il résulte de la lecture de cette Lettre qu'elle lui est absolument étrangère.

Le Citoyen Laplanche lève la Séance à une heure du matin. Le même Cortège qui l'avoit accompagné en arrivant le reconduit à son Hôtel au milieu des applaudissemens d'un Peuple reconnoissant.

Le Citoyen Laplanche, Représentant du Peuple, à l'ouverture de la Séance du lendemain, dit : « Républicains, l'erreur
» est l'appanage de l'humanité ; l'un des Membres du Directoire
» du Département, le Citoyen Charrier, dans une Lettre qui
» vient de m'être remise, avoue s'être laissé conduire par quelques
» Administrateurs qui ont méconnu leur devoir. »

Le Représentant du Peuple fait lecture de la Lettre, ainsi conçue :

« CITOYEN REPRÉSENTANT,

» Je vous dois la vérité, je vais vous la dire. J'ai signé la
» Lettre portant l'envoi pur & simple de l'Adresse Bordeloise,
» & rien de plus ; encore ne l'ai-je fait qu'avec beaucoup de
» répugnance ; ce fait peut vous être attesté, Citoyen Repré-
» sentant, s'il est nécessaire, par mes Collègues, signataires ou
» non. Je conviens donc que j'ai eu cette foiblesse ; mais, en
» même temps, je vous jure, sur ma conscience, que je n'ai
» pas été peu étonné d'apprendre que cette Lettre avoit été
» envoyée par des exprès dans les Départemens voisins ; je
» croyois qu'on s'étoit servi de la voie ordinaire de la poste, &
» je n'ai pas été consulté à ce sujet. »

Bellecourt obtient la parole & dit : » Citoyens, je crois
» devoir ici vous dire, en mon ame & conscience, que j'ai
» toujours vu Charrier attaché aux principes ; je l'ai vu conſ-
» tamment à ſon poſte, en vrai Républicain : ſi cela n'étoit
» pas, ſi je n'avois pas cette conviction intime, je ſerois dans
» ce moment le dénonciateur de Charrier. »

Chamouillet. « ſans avoir égard aux individus, on doit
» s'attacher aux principes ; un Adminiſtrateur doit être de feu
» pour les intérêts de ſes adminiſtrés, & cette conſidération
» doit l'emporter ſur toute autre : Charrier a été trompé, j'en
» conviens, mais il devoit dénoncer ſes Collégues, il devoit
» manifeſter publiquement ſon opinion contraire ; je le crois donc
» indigne de conſerver ſes fonctions. »

Quelques voix ſe font entendre : *non... non... non...* « Et
» moi auſſi, s'écrie Beſſerve, animé autant que Chamouillet des
» ſentimens d'un Républicain, je connois les principes qui doivent
» le diriger, Charrier a été induit en erreur ; il avoue ſa faute
» par l'organe du Repréſentant du Peuple ; vous venez de l'en-
» tendre : mais il vous dit qu'il n'a pas été peu étonné d'ap-
» prendre que la Lettre dont il s'agit eût été envoyée par
» des exprès dans les Départemens voiſins ; cette circonſtance
» le différencie eſſentiellement de ſes Collégues. Je demande
» en conſéquence que le Peuple ſoit conſulté. »

Aignan. « J'ajoute que l'erreur d'un moment ſera pour
» Charrier la ſauve-garde perpétuelle de ſa prudence, & que
» déſormais l'Ariſtocratie n'aura plus à redouter d'œil plus
» ſévére & plus vigilant que le ſien. »

Le Repréſentant du Peuple. « Citoyens, la démarche que
» je fais en ce moment vous annonce aſſez combien il m'eſt
» agréable de voir un Citoyen qui paroît avoir été trompé,
» demander à cette Aſſemblée de prononcer ſur ſon ſort. En
» conſéquence, je remets aux voix la queſtion relative au

» Citoyen Charrier. J'interpelle les Citoyens & Citoyennes de
» déclarer si l'erreur d'un moment suffit pour lui ravir leur
» confiance. » Le Peuple déclare que non.

La contr'épreuve amène le même résultat.

Le Représentant du Peuple prononce que la question est décidée en faveur du Citoyen Charrier.

AUJOURD'HUI quatre septembre 1793, l'an deuxième de la République Françoise, une & indivisible, à six heures du soir, la Séance que le Représentant du Peuple avoit annoncée hier, a été ouverte par la lecture du Procès-Verbal de la veille : la rédaction en a été adoptée avec de légers amendemens. Le Citoyen Laplanche requiert que ce Procès-Verbal soit transcrit sur les Registres du Conseil du Département qu'il interpelle de déclarer s'il entend le signer, ou non.

Le Procureur-général-Syndic demande qu'il y soit fait quelques changemens & additions dont il propose la lecture qui est rejettée.

Le Conseil, par l'organe de quelque-uns de ses Membres, paroît dans l'intention d'en adopter la rédaction pure & simple.

Le Citoyen Laplanche déclare au surplus, que, dans le cas contraire, il le fera signer d'office par un certain nombre de Citoyens & y apposera lui-même sa signature qui emporte avec elle le complément de toutes les formalités.

Le Représentant du Peuple lit une Lettre par laquelle le Citoyen Charrier présente quelques observations relatives à la signature de celle qui portoit envoi à six Départemens de l'Adresse Girondiste : la discussion s'engage sur cet objet, & des éclaircissemens qu'elle amène il résulte en faveur du

Citoyen Charrier une décifion dont la mention eft portée, par forme de fupplément, au Procès-Verbal de la Séance d'hier, conformément aux intentions du Repréfentant du Peuple.

Le Citoyen Charrier obtient enfuite la parole, & dit:

Citoyen Repréfentant,

« Il n'eft donc que trop vrai que les ennemis de l'intérieur
» fe coalifent fans ceffe avec ceux du dehors pour renverfer,
» s'il leur étoit poffible, le grand édifice de notre Révolution.
» Il n'eft donc que trop vrai que l'Ariftocratie lève encore fa
» tête hideufe & altière, & qu'elle ne néglige rien pour anéan-
» tir notre République naiffante, & écrafer, fi elle le pouvoit,
» tous les véritables Patriotes! Un exemple frappant & qui
» vient de fe paffer fous nos yeux, prouve ces triftes vérités.
» Thibault, curé conftitutionnel de Pithiviers; Thibault, excel-
» lent Patriote, Thibault, vrai Sans-Culotte, eft en butte aux
» manœuvres d'une machination infernale; Thibault eft dénoncé
» par Hautefeuille. Ah! Citoyens, Thibault & Hautefeuille,
» quel contrafte! Thibault a prouvé, dans tous les temps, qu'il
» étoit bon Citoyen; il en a rempli les devoirs avec zèle,
» avec fermeté, avec courage. Il s'eft enrôlé pour la Vendée,
» & il n'en eft revenu qu'après trois Victoires remportées fur les
» Rébelles par les Troupes de République; il n'en eft revenu
» que de l'ordre de fes Supérieurs, qui ont fenti comme lui
» que fa préfence étoit encore plus néceffaire à Pithiviers qu'à
» l'armée, parce qu'à Pithiviers les Ariftocrates commençoient
» à prendre le deffus, & ourdiffoient des trames perfides, dont
» il étoit réfervé à Thibault de démêler le fil. Bientôt, il fi-
» gnale fon retour par les actes du plus pur Patriotifme; bien-
» tôt, il vient à bout d'en impofer aux ennemis de la Ré-
» publique; bientôt auffi, il éprouve tout ce que la rage des
» Ariftocrates déjoués peut inventer de plus noir. Il eft dénoncé,

» noncé, & par qui ? par Hautefeuille, Hautefeuille, ci-devant
» Procureur-Syndic, fufpendu par le Département, comme mau-
» vais Citoyen, comme mauvais Adminiftrateur, jugé tel au Tri-
» bunal impartial de l'opinion publique. Hautefeuille dénonce Thi-
» bault, & que lui reproche-t-il ? il accufe Thibault d'avoir dit
» que fi, d'après la Loi du 24 février dernier fur le recrutement,
» les Prêtres devoient être, comme les autres Citoyens, affu-
» jettis au tirage, ils fe leveroient au nombre de plus de 44
» mille, & fauroient bien en impofer à la Convention. Hautefeuille
» trouve des Témoins qui, à fon inftigation, dépofent de ce fait.
» Thibault eft arrêté & conduit aux Minimes. L'Ariftocratie croit
» déjà triompher. Citoyens, vous avez à prononcer fur un grand
» attentat : Je vais vous mettre fous les yeux toutes les pièces
» qui concernent cette affaire ; je lirai en entier les princi-
» pales ; j'extrairai celles qui préfentent un moindre intérêt, &
» il vous fera aifé, Citoyens, d'apprécier la dénonciation d'Haute-
» feuille, & les motifs de juftification fournis par Thibault. »

L'orateur fait le rapport de l'affaire du Citoyen Thibault, Curé de Pithiviers : il eft entendu dans le plus grand calme & n'omet aucune des pièces propres à jetter le jour du Patrio-tifme fur cette machination ténébreufe de l'Ariftocratie. Il def-cend de la Tribune au milieu des applaudiffemens.

Le Citoyen Laplanche. « Il feroit difficile de faire un rap-
» port plus lucide & plus détaillé. Tous les moyens de droit
» ont été difcutés par le Rapporteur. Plufieurs Citoyens fe
» font fait infcrire pour obtenir la parole dans cette affaire ; ils
» ne peuvent que fe circonfcrire dans le cercle des mêmes vues
» & des mêmes obfervations ; je requiers, en conféquence, que
» fans engager une difcuffion fuperflue, l'Arrêté foit pris fur le
» champ. »

Cependant le Citoyen Goulu obtient la permiffion de réfuter les faits énoncés contre lui par la déclaration de Levaffeur, fon

D

collègue dans la commiſſion relative à l'arreſtation du Patriote Thibault, & dont lecture venoit d'être faite. Ses moyens de défenſe ſe réduiſent à dire qu'emmené d'Orléans à Pithiviers ſans connoître l'objet de ſa miſſion, il avoit enſuite été preſque toujours à cet égard un agent purement paſſif, écrivant ſucceſſivement ſous la dictée de Levaſſeur & ſous celle des témoins. Il déclare qu'il n'a pas été ſéduit, parce qu'un patriote tel que lui eſt inacceſſible à la ſéduction, mais que ſes yeux ont été faſcinés & ſa religion trompée. Il eſpère que cette faute ne lui ravira pas la confiance du Peuple. Le Peuple déclare que non. Levaſſeur réplique par des démentis formels aux diverſes aſſertions du Citoyen Goulu.

La diſcuſſion d'une auſſi grande cauſe dégénéroit inſenſiblement en perſonnalités. Le Repréſentant du Peuple en arrête les progrès ; il déclare que les deux Commiſſaires ont prévariqué ; que l'un ne peut être puni ſans l'autre. « Quant au fond de l'affaire,
» ajoute-t-il, c'eſt évidemment une manœuvre perfide pour
» perdre un Patriote par un autre. Je refuſe la parole à tous
» les Orateurs. C'eſt au Procureur-Général-Syndic à conclure. »

Le Procureur-Général Syndic demande que, s'il reſte quelques faits à faire connoître, ils ſoient préalablement déclarés.

Le Citoyen Laguette annonce qu'ayant été député par la Société populaire d'Orléans près celle de Pithiviers pour prendre des renſeignemens ſur l'arreſtation de Thibault, il entendit pluſieurs Citoyens de Pithiviers, qui s'entretenoient à l'oreille d'une Adreſſe aſtucieuſement libellée, & avec laquelle Hautefeuille étoit parti pour aller, s'il lui étoit poſſible, en impoſer à la Convention Nationale.

Le Citoyen Laplanche. « Ce fait ne touche point le fond
» de la queſtion : la Convention Nationale me renverra d'ailleurs
» cette Adreſſe ſur laquelle je me réſerve de ſtatuer en temps
» & lieu. »

Nul autre fait ultérieur n'est énoncé.

Alors, sur la rédaction du Citoyen Charrier, Rapporteur, & sur les Conclusions du Procureur-général Syndic, le Conseil du Département arrête ce qui suit :

Vu l'Arrêté du Conseil du Département, qui suspend de ses fonctions Hautefeuille, Procureur-Syndic du District de Pithiviers, en date du 28 Août 1793;

Vu la Lettre de Hautefeuille, portant dénonciation contre Thibault, en date du 29;

Vu l'Arrêté du Département, du 29, qui, ouï Hautefeuille, renvoie l'affaire à son Directoire;

Autre Arrêté du Conseil, du même jour, concernant le même Hautefeuille;

Autre Arrêté du Conseil, encore du même jour, qui nomme les Citoyens Levasseur & Goullu, Commissaires dans l'affaire de Thibault;

Le Procès-Verbal d'audition des Témoins fait par les Commissaires, le lendemain 30 Août;

Le Procès-Verbal d'interrogatoire subi par Thibault, devant le même Commissaire, le 31 Août;

La Déclaration écrite & signée par Bonsergent, Secrétaire du District de Pithiviers, du même jour;

La Pétition des Citoyens & Citoyennes Sans-Culottés de Pithiviers, en faveur de Thibault, aussi du même jour;

Autre Pétition présentée le même jour, & pour le même sujet, par la Société Populaire de Pithiviers;

La Lettre écrite par le Citoyen Poisson, juge de Paix, *intra muros*, de Pithiviers, au Procureur-général-Syndic, le 1er. Septembre.

La Déclaration écrite & signée par Goullu-Privé, le lendemain 2 Septembre.

Celle écrite & signée le même jour par Souvigny, Député de la Société Populaire de Pithiviers ;

Celle écrite le même jour par Dulac, Membre de la même Société ;

Vu pareillement le Certificat de Civisme du Citoyen Thibault, délivré par la Commune de Pithiviers, le 24 Avril, visé par le District, le 3 mai, & par le Département, le 23 du même mois ;

L'Extrait des Registres des Délibérations du District de Pithiviers, du 10 mai, concernant l'engagement formé par Thibault, d'aller à la Vendée ;

La Lettre écrite le 3 Juillet dernier, à Thibault, par le Directoire du District de Pithiviers ;

La Déclaration faite & signée, mais sans date, par Levasseur, l'un des susdits Commissaires ;

Et enfin, la Lettre du Juge de Paix & de l'Officier de Police de la Ville de Pithiviers, du 2 Septembre, qui atteste qu'ayant levé les scellés chez le Citoyen Thibault, il ne s'y est trouvé aucuns papiers suspects.

Le Conseil, ouï le rapport & le Procureur-général-Syndic en ses conclusions ;

Considérant, 1°. que la dénonciation faite par Hautefeuille, contre le Patriote Thibault, est le résultat d'une méchanceté combinée & réfléchie ;

Considérant, 2°. que les dépositions des témoins, à l'exception de celle du Citoyen Froc, ne peuvent émaner que du plus noir complot, & d'un acharnement bien marqué contre le Citoyen Thibault ;

Considérant ; 3°. qu'il importe de faire un grand exemple ; & tellement imposant, qu'il fasse trembler les Aristocrates, & les contraigne à respecter à l'avenir la tranquillité & la liberté des vrais Républicains ;

Arrête : 1°. que le Citoyen Thibault, Curé Conſtitutionnel de Pithiviers, eſt entièrement lavé des imputations odieuſes contenues tant dans la dénonciation d'Hautefeuille, que dans les dépoſitions faites par quelques faux Témoins contre ce bon Citoyen; & que pour effacer le douloureux ſouvenir de la ſcène humiliante qu'il a éprouvée, & qu'il étoit bien loin de mériter; arrête que Thibault ſera reconduit à ſon domicile à Pithiviers, avec éclat. Charge les Autorités Conſtituées de Pithiviers de ſa réintégration. Invite la Société Populaire d'Orléans, celle de Pithiviers, & les bons Patriotes de ces deux Villes, d'ajouter par leur concours à la ſolemnité de la Fête;

2°. Que Hautefeuille, ci-devant Procureur-Syndic du Diſtrict de Pithiviers eſt & demeurera deſtitué de ſes fonctions;

3°. Que Bonſergent, Secrétaire du Diſtrict de Pithiviers; Wateau, Commis dans les Bureaux du même Diſtrict; Cocatrix, Receveur du droit d'Enregiſtrement à Pithiviers; Demeſnil, Hamony & Decouſu, Membres du Directoire de ce même Diſtrict, ſont pareillement deſtitués de leurs fonctions, tant pour raiſon de la conduite perfide qu'ils ont tenue dans cette affaire, que pour leur incivifme reconnu, & leur inexactitude dans l'exercice de leurs fonctions;

4°. Que leſdits Hautefeuille, dénonciateur; Wateau, Cocatrix, Dumeſnil, Hamony, Decouſu, Bonſergent & Lejeune de Belcourt, cultivateur, témoins entendus dans l'information ſuſdatée ſeront mis ſur-le-champ en état d'arreſtation, & traduits, ſous bonne & ſûre garde, en la Maiſon des Minimes d'Orléans; que le Commandant de la Ville d'Orléans ſera requis de faire exécuter cette meſure, & que celui de Pithiviers ſera pareillement tenu de lui prêter main-forte additionnelle en cas de beſoin;

5°. Qu'en attendant qu'il ſoit pourvu au remplacement, le

premier Membre du Confeil fera fonction de Procureur-Syndic, & les quatre fuivans, celles de Membres du Directoire;

6°. Réferve au Citoyen Thibault le droit de fe pourvoir devant les Juges qui en doivent connoître, pour raifon des frais & dépens, dommages & intérêts qui pourront être répétés, tant par lui que par tous ceux dont cette affaire a accafionné le déplacement;

Et attendu que cette caufe eft celle de tous les Patriotes; arrête :

7°. Que le préfent fera imprimé au nombre de mille exemplaires, & affiché par-tout où befoin fera; qu'il en fera envoyé des exemplaires à la Convention Nationale, au Comité de Salut Public, à la Société des Jacobins à Paris, & aux Sociétés Populaires, Diftricts & Communes de ce Département.

Fait en Affemblée du Confeil du Département du Loiret, tenue extraordinairement en l'Eglife Saint-Paterne, en préfence du Citoyen Laplanche, Repréfentant du Peuple, le 4 feptembre 1793, l'an fecond de la République Françoife, une & indivifible.

Signé *Bazin*, Vice-Préfident ; *Devilliers* ; *Aubry* ; *Marchand* ; *Levaffeur* ; *Charrier* ; *Bridel* ; *Fornier* ; *Badinier* ; *Bellier* ; *Pleffis* ; *Delafoy* ; *Meûnier* ; *Guerton* ; *Baucheton* ; *Tiercelin* ; Adminiftrateurs ; *Sochet*, Procureur-général-Syndic ; & *Bignon*, Secrétaire.

Le Repréfentant du Peuple approuve cette délibération : il requiert la lifte nominative des Adminiftrateurs compofant le Directoire du Diftrict de Pithiviers. Il convertit en deftitution la fufpenfion provifoirement prononcée contre Hautefeuille, Procureur-Syndic de ce Diftrict, par l'arrêté du Département du 27 du mois dernier.

Charrier. « Citoyen Repréfentant, Citoyens freres & amis,
» il m'eft bien doux d'avoir confacré par un rapport approuvé
» de vous le retour de votre eftime & de votre confiance : je
» vais m'efforcer de m'en rendre digne en me livrant avec le
» zèle le plus infatigable à l'exercice de mes fonctions. »

Le Repréfentant du Peuple annonce qu'il n'y aura point de Séance extraordinaire dans la foirée de demain, qu'il eft dans l'intention de confacrer à vifiter la Société Populaire & les Sections d'Orléans. Il termine celle de ce jour en décernant au Patriote Thibault la couronne civique, & en lui donnant l'accolade fraternelle; la Salle retentit des cris de joie de tous les bons Républicains.

La Séance eft levée à onze heures du foir & annoncée pour le furlendemain.

AUJOURD'HUI neuf Septembre mil fept cent quatre-vingt-treize, l'an deuxième de la République Françoife, une & indivifible, à fept heures du foir. Les Autorités conftituées & les Etabliffemens publics, foit en corps, foit par députation, le Peuple repréfenté par la Société populaire & par les Sections, s'étant rendus au lieu des Séances extraordinaires, la préfence du Repréfentant du Peuple s'annonce au bruit des applaudiffemens qui l'accompagnent toujours, organe non équivoque de la reconnoiffance publique.

Le Citoyen Laplanche. « Une des caufes qui ont retardé le
» fuccès de la Révolution, eft l'ignorance où l'on laiffe le
» Peuple fur les Décrets de la Convention Nationale ; c'eft
» à moi de réparer cet abus : la Convention vient de me faire
» adreffer deux Décrets dont la connoiffance importe à tous
» les Citoyens, & dont la lecture eft faite pour électrifer les
» ames. »

Le Citoyen Rousseau monte à la tribune & lit, d'une voix forte & fonore, trois Décrets dont le premier est relatif aux Etrangers.

L'Art. XV fur-tout, qui concerne la révocation des Pensions accordées aux Déferteurs Autrichiens excite la joie la plus vive & la plus univerfelle. Cet élan de l'efprit public eft vivement accueilli par le Repréfentant du Peuple, qui promet qu'en cette qualité il ne fouffrira point ou fouffrira peu d'Autrichiens & de Pruffiens dans les Armées Françoifes.

Les deux autres Décrets, dont l'un concerne les Commiffaires de la Convention Nationale envoyés dans les Départemens, & dont l'autre étend aux Anglois les mefures de représailles décrétées contre les Efpagnols, font entendus avec le même enthoufiafme & des cris multipliés en font répéter la lecture.

Le Citoyen Laplanche. « Vous voyez, Républicains, par
» le fecond de ces Décrets, que mes pouvoirs, quoiqu'illi-
» mités de leur nature, font néanmoins limités par la con-
» fiance du Peuple. J'avois eu raifon de confulter l'opinion
» publique comme le thermomètre de la mienne. Je continuerai
» d'en ufer ainfi. C'eft pourquoi, relativement à toutes les
» Adminiftrations publiques, je vais prendre votre vœu dont
» je ne veux être que l'interprète; vous direz : *Nous pro-*
» *nonçons* ; & le Repréfentant du Peuple dira : *le Souverain*
» *a prononcé.* »

« Le Décret relatif aux Anglois eft l'ouvrage des circonf-
» tances révolutionnaires. Je vous requiers en conféquence, de
» de me faire connoître, fous trois à quatre jours, les noms,
» la qualité & le civifme de ceux de ces Etrangers qui habitent
» vos murs ; défignez-moi les Gens fufpects, &, dans ce terme,
» nous les arrêterons. Guerre à mort aux Ariftocrates, paix &
» fubfiftance aux Gens de bien, tel eft l'objet de ma Miffion:

j'en

» j'en ai déjà rempli une partie, & j'ai fait, aujourd'hui même,
» au Comité des Subsistances de la Commune d'Orléans, une
» Réquisition dont l'effet sera d'assurer l'approvisionnement
» en grains de cette Ville. »

« Ce n'est là que le présage de plus grands succès. C'est
» beaucoup que le Peuple ait du pain, mais ce n'est pas assez
» pour mon cœur. Ce pain détrempé ci-devant dans les larmes
» du pauvre, le sera maintenant dans les saignées du riche. J'in-
» terpelle la Municipalité de me rendre compte des mesures
» qu'elle a dû prendre, d'après mes réquisitions, sur la taxe
» d'office à imposer aux Opulens & aux Egoïstes de cette Cité. »

Le Maire d'Orléans. « La Municipalité a déjà fait préparer
» la Circulaire relative à cet objet. Les dispositions qu'elle ren-
» ferme seront promptement & rigoureusement exécutées.

Le Citoyen Laplanche. « Je prends acte de cette Déclara-
» tion, prenez acte aussi de la mienne, vous qui avez des droits
» & des besoins. Quoique j'aie encore les Départemens du Cher
» & de la Creuse à visiter, & que mon séjour ici ne doive pas
» être long, je veux, avant de quitter Orléans, faire dans votre
» sein une distribution d'au moins 100,000 l.; je l'indique pour
» samedi prochain, sans nul retard. »

« Je passe à un autre article bien essentiel, celui des Armes.
» C'est avec le plus vif attendrissement que j'ai passé ce matin
» en revue une compagnie de Canonniers, composée de 70
» hommes, qui se sont organisés en trois jours, & auxquels j'ai
» donné le nom de *Canonniers Révolutionnaires du Départe-*
» *ment du Loiret*; je l'ai écrit à la Convention & j'en ai de-
» mandé l'insertion au Bulletin. Mais ces braves Guerriers ont
» besoin d'être armés & équipés, & la semaine ne se passera
» point qu'ils ne le soient; & moi aussi, je veux créer, dans
» le Département du Loiret, une petite Armée révolutionnaire
» à l'instar de celle de 6,000 hommes qui se lève dans Paris,

E

» Et vous auffi, Citoyens, vous aurez votre Guillotine ambu-
» lante. Ce mot ne doit faire trembler que le crime. La Guil-
» lotine, Républicains, n'atteindra point les Sans-culottes; elle
» atteindra, avec les fources de leurs vies, le Fédéralifme des
» Adminiftrateurs, la prévarication des Magiftrats, l'accapare-
» ment & l'agiotage des Négocians. Je fais que cette Salle four-
» mille d'Ariftocrates, de Banquiers, d'Anglois & autres Gens
» fufpects qui viennent épier, dans fes actions, la Repréfen-
» tation Nationale. Eh bien, qu'ils m'entendent & qu'ils frémif-
» fent! Dût le Damas national abattre cent têtes orléanoifes,
» à ce prix, le Département du Loiret fera tranquille, les
» Subfiftances aflurées, la Malveillance anéantie & la République
» fauvée. »

Ici, la Salle retentit du cri unanime de *vive la Montagne,
vive l'Armée Révolutionnaire, vive le Repréfentant du Peuple.*

Le Citoyen Laplanche fait lire l'Adreffe de la Convention
Nationale aux François des Départemens méridionaux, du 6
feptembre 1793.

Il ajoute, « la République périt par les trahifons & par fa
» générofité. Que font tous les étrangers dans la balance de la
» Patrie? des ouvriers fe laiffent prendre à l'or corrupteur qu'ils
» répandent; mais nous périrons tous, ou l'Angleterre périra;
» Toulon nous fera rendu, ou la République ceffera d'être. Nous
» allons, en attendant, fcruter ces Adminiftrateurs qui ont ap-
» pelé parmi nous les Etrangers confpirateurs. Si je ne puis, de
» ma main, poignarder un Anglois, je puis au moins porter fur
» l'échafaud la tête d'un Adminiftrateur fcélérat. J'enjoins à
» la Municipalité d'Orléans, fous peine d'être traduite au Tri-
» bunal révolutionnaire, de ne pas délivrer un feul Paffeport,
» fans mon agrément. »

Un Citoyen obferve que les ennemis de la Patrie peuvent s'en

faire délivrer dans les Communes voisines, où ils ont des Propriétés, & qu'il est essentiel de leur en interdire les moyens.

Alors le Représentant du Peuple requiert un Administrateur du Département d'aller, à l'instant même, intimer, de sa part, à l'Administration, l'ordre exprès de prendre sur l'heure, & sous peine de mort, un arrêté qui sera livré de suite à l'impression & porté par des Couriers extraordinaires aux diverses Municipalités du Département, pour leur défendre, sous leur responsabilité, de délivrer des Passeports aux ci-devant Nobles, aux riches Propriétaires & autres Gens suspects.

« Maintenant, dit-il, épurons l'administration du District,
» celle du Département est jugée. Je pourrois seul, du fond de
» mon cabinet, destituer tous ceux qui sont susceptibles de l'être;
» mais je veux m'entourer de l'opinion publique. Peuple, si vous
» me trompiez, vous mentiriez à la Républipue entière, dans la
» personne de son Représentant. »

« J'interpelle l'Assemblée de déclarer si l'Administration du
» District a sa confiance. » L'Assemblée se lève toute entière pour décider que non.

Le Citoyen Laplanche. « Jacob aîné, Président, a-t-il la confiance du Peuple ? ». Le peuple entier la lui refuse en le qualifiant de *Brissotin*. Jacob veut parler ; le Représentant du Peuple réclame pour lui un Défenseur Officieux autre que lui-même ; nul ne se présente. Jacob obtient la parole, & demande qu'on allègue des faits contre lui. Le Représentant du Peuple prononce qu'il n'en a pas besoin, & réitère à son sujet l'épreuve qui amène le même résultat.

Il interroge ensuite l'opinion publique sur chacun des Administrateurs du Conseil.

Plusieurs voix s'élèvent contre Feuillâtre, appellé le premier. Le Citoyen Rousseau déclare qu'il s'agit, non pas de Filliâtre,

Homme de Loi à Orléans; mais de Feuillatre d'Ingré ; qu'il connoît pour un honnête homme & pour un bon Patriote.

Le Maire d'Orléans. « Si le Préopinant eut été, comme
» moi, à portée de fuivre dans fes détails l'affaire de la Muni-
» cipalité & du Curé de Chaingy, que le Repréfentant du
» Peuple a terminée hier avec cette fageffe & cette impartialité
» qui caractérifent toutes fes opérations, il n'induiroit point in-
» volontairement en erreur l'efprit public fur le compte de
» Feuillâtre d'Ingré. Cet homme eft prévenu de vexations
» contre d'honnêtes Cultivateurs, & de coalition avec le Procu-
» reur de la Commune de Chaingy, fi juftement deftitué par
» le Repréfentant du Peuple. » Le Citoyen Laplanche, d'après cette explication, demande le vœu du Peuple fur Feuillâtre d'Ingré. Il eft déclaré, d'une voix unanime, avoir perdu la confiance du Peuple.

Faure enfuite eft déclaré, d'une voix également unanime, l'avoir confervée.

Caillard, Foucault & Claude Fortépaule font notés comme inconnus.

Le Repréfentant du Peuple paffe enfuite au Directoire du Diftrict. Il interpelle les Citoyens de déclarer fi Lanfon a leur confiance. Après quelques momens de filence, plufieurs voix s'élèvent contre cet Adminiftrateur.

Un Citoyen l'accufe d'avoir fait vendre le Sel 9 liv. le quintal, dans un temps où il n'en valoit que 5 au Grenier.

Le Maire d'Orléans dit : « deux Commiffaires, l'un du
» Diftrict, l'autre de la Municipalité ont toujours affifté aux
» ventes qui fe font faites au Grenier à Sel. Lanfon &
» Segretier ayant été nommés pour préfider à l'une de ces diftri-
» butions, une voix s'élève pour demander 10 milliers de
» Sel. L'indignation fût à fon comble & les deux Commiffaires
» furent mis en état d'arreftation. Alors je me tranfportai à

» l'Administration du District pour conférer avec elle à ce
» sujet, & le Département rendit un Arrêté pour fixer à deux
» quintaux le *maximum* de la distribution de cette Denrée
» de seconde nécessité. »

Le Citoyen Laplanche demande si d'après ces éclaircissemens Lanson à la confiance du Peuple. Tous déclarent que non.

Lanson. « Je me retire avec une conscience pure. »

Le Citoyen Laplanche. « Et moi aussi, car c'est la voix
» Publique & non pas moi qui vous destitue. Je demande au
» Peuple pour la troisième fois, si Lanson à sa confiance. » Le Peuple le proscrit à la même unanimité.

Même interpellation est faite pour Lambert l'aîné, le résultat lui en est favorable.

Le Peuple consulté sur Paupaille, se partage pour & contre lui. Une seconde épreuve laisse subsister l'indécision.

Le Citoyen Laplanche. « Le vœu n'est pas assez prononcé ;
» je réitère mon interpellation. » Le résultat en est constamment le même.

Renard père veut parler en faveur de Paupaille. Le Représentant l'interrompt. Il se réserve de décider en particulier du sort de cet Administrateur. « Mais vous, dit-il à Renard
» père, vous qui vous constituez ici son Défenseur officieux,
» n'avez vous pas personnellement besoin de caution pour
» votre Patriotisme ? » Le Peuple déclare que Renard père est un Aristocrate qui s'est fait expulser de la Société Populaire.

Le Représentant. « Je recuse son témoignage & je passe à
» Lambert le jeune. Est-il investi de la confiance publique ? »

Quelques voix disent qu'oui, le reste paroît ne le pas connoître.

Un Citoyen. « Il n'est pas possible que dans une Administra-
» tion aussi tarée, il existe un seul Patriote. Les deux Lambert

» ne font point de la Société Populaire ; ils doivent partager
» l'anathême dont leurs Collègues font frappés. »

Le Citoyen Laplanche demande s'ils font parens : on répond que non.

Le Repréfentant du Peuple. « Je déclare ces deux Citoyens,
» des Adminiftrateurs nuls. La foibleffe n'a pas moins de part
» que la malveillance aux troubles de l'intérieur. Nous fommes
» dans des circonftances où des Adminiftrateurs doivent fe
» prononcer ; & lorfque , fur une Affemblée de 3000 hommes,
» il s'élève à peine quelques individus qui connoiffent un Fonc-
» tionnaire public, ce Fonctionnaire eft à coup sûr un homme
» paffif dont je ne fais pas plus de cas que d'un ariftocrate. »

Dupuis, Procureur-Syndic, eft mis aux voix ; l'unanimité le réprouve.

Défir le jeune , Secrétaire, pareillement frappé par la voix du Peuple, demande qu'on articule des faits contre lui.

Le Citoyen Laplanche déclare que le cri public eft fufffiant pour opérer fa deftitution.

Défir le jeune entreprend alors de ramener fes Concitoyens en fa faveur. Il rappelle fes travaux dans l'Adminiftration ; il déclare qu'époux & pere de famille, c'eft à la révolution feule qu'il doit fa fubfiftance, & qu'il feroit dès-lors impoffible qu'il ne l'aimât pas. Il termine en parlant d'une querelle particulière qu'il a eue avec le Citoyen Befferve , & que ce dernier lui a folemnellement pardonnée : il efpère que des torts particuliers & réparés ne lui raviront pas l'eftime publique.

Le Citoyen Befferve va embraffer Défir au milieu de l'Affemblée. « Vous m'avez reproché, lui dit Befferve, d'être un enragé
» Clubifte, ajoutant que moi & mes pareils nous étions tous autant
» de fcélérats. Je vous ai pardonné ce propos pour mon compte;
» mes Concitoyens vous le pardonneront-ils également ? »

Le Repréfentant du Peuple. « Défir le jeune, on articule
» des faits bien graves contre vous. D'après votre aveu, votre
» famille & vous-même ne fubfiftez que des bienfaits de la
» Révolution, & pourtant vous n'aimez pas la Révolution. Vous
» en chériffez les bienfaits & vous n'aimez pas les Clubs qui la
» foutiennent. Il eft un moyen de vous corriger. Vos occupa-
» tions, dites-vous, ne vous permettent pas d'affifter à la
» Société Populaire. Commencez par mériter d'en être : la
» Société le faura & vous difpenfera de vous rendre affiduement
» dans fon fein. Vous êtes jeune & n'êtes point de ces vieux
» chênes qui ont pris fans retour une direction vicieufe. Vos
» torts d'ailleurs font bien atténués par vos qualités d'époux &
» de père. Vous pouvez donner encore beaucoup d'enfans à la
» République, & fous tous ces rapports la Patrie ne doit point
» vous traîter en marâtre. D'après ces confidérations, j'inter-
» pelle le Peuple de déclarer fi Défir le jeune à fa confiance. »

Le Peuple déclare qu'oui, d'une voix unanime.

Le Citoyen Défir prie la Société Populaire de l'admettre dans fon fein, & le patriotifme doux, l'indulgence paternelle appuient cette invitation par la bouche du Repréfentant du Peuple.

Le Citoyen Laplanche. « La Municipalité d'Orléans eft de
» ma création ; fi j'ai quelque gloire à retirer de ma première
» commiffion avec Collot d'Herbois, c'eft d'avoir créé cette
» Municipalité Républicaine, fur les débris d'une Municipalité
» dégoutante d'ariftocratie, de feuillantifme & d'affaffinat. Mais
» je veux auffi la paffer au creufet de l'opinion publique. Le
» Maire d'Orléans a-t-il la confiance de fes Concitoyens ? » Le Peuple déclare qu'oui d'une voix univerfelle & enthoufiafte : des cris de *vive le Maire* fe font entendre.

Le Citoyen Maire protefte qu'honoré pour la deuxième fois

de l'eſtime publique, il continuera de la mériter, & ſaura mourir à ſon poſte ou ſauver ſa Patrie.

Le Citoyen Laplanche. « Puiſque perſonne ne dit la vérité,
» c'eſt moi qui vais la dire. J'aime & j'eſtime le Maire d'Orléans.
» Je me félicite tous les jours de l'avoir appelé à une Place
» qu'il remplit avec tant de diſtinction. Mais il eſt trop bon,
» trop doux & trop confiant; on lui ſurprend des ſignatures
» que quelque fois il ne devroit pas donner; je lui fais cette
» leçon publique en ma qualité de Repréſentant du Peuple,
» afin qu'il en profite & qu'il ſoit déſormais plus ferme à ſon
» poſte. »

« Parcourons, ajoute-t-il, les Officiers Municipaux. Mais je
» tiens en main un ancien almanach où ſont inſcrits les Noms
» de leurs prédéceſſeurs, & mes yeux ſe refuſent à lire ces
» noms-là. Je mets au voix en bloc la Municipalité d'Orléans,
» ſauf à revenir ſur quelques individus. »

Le Peuple déclare que la Municipalité d'Orléans eſt inveſtie de toute ſa confiance.

Un Citoyen dénonce Lebrun, Architecte & Officier Municipal, comme ayant perdu celle des Sections.

Le Citoyen Laplanche. « J'allois vous parler de ce fait dont
» j'ai connoiſſance. Lebrun a-t-il la confiance de ſes Conci-
» toyens? » Tous déclarent que non.

Une Citoyenne déclare que s'étant préſentée à la Municipalité pour y faire voir du pain qu'elle venoit d'acheter, le Citoyen Lebrun lui dit: ſi vous trouvez ce pain trop bis & trop dur, vous n'avez qu'à le mettre dans l'eau.

Le Citoyen Laplanche interpelle Lebrun, Architecte, de paroître; il eſt confronté avec la dépoſante, qui déclare que ce n'eſt pas lui qui lui a tenu ce propos, mais bien un homme de plus haute taille & plus âgé.

Lebrun

Lebrun protefte de fon conftant Patriotifme, & réclame en fa faveur les ouvriers nombreux qu'il occupe.

Le repréfentant lui obferve qu'il ne s'agit point de favoir s'il eft affez riche pour payer largement des ouvriers, car les Anglois font riches auffi. « Je ne vous confidère, dit-il, que » comme Magiftrat; votre confcience, fous ce rapport, ne vous » reproche-t-elle rien? »

Lebrun. « Rien abfolument. »

Le Citoyen Laplanche. » On vous accufe d'avoir pris le » mafque du patriotifme. (Vifs applaudiffemens) C'eft ici, pour- » fuit-il, le jour des grandes révélations. Vous vous entourez » en vain de vos ouvriers que vous n'avez difféminés ici que pour » vous faire un parti. Cette tactique, loin de m'en impofer, » me convainct de votre fourberie. » Le Repréfentant alors demande au peuple, à deux fois fucceffives, fi Lebrun a fa confiance.

Le peuple répond deux fois que non.

Le Citoyen Laplanche. « Lebrun, au nom de la Conven- » tion nationale, & en vertu de mes pouvoirs illimités, je vous » deftitue publiquement, & je vous défends de vous ingérer » dans aucune fonction publique. »

Des cris de *vive la République* fe font entendre de tous les coins de la Salle.

Le Citoyen Laplanche. « J'ai reçu des plaintes contre un » Notable, nommé Leblois, qui veut s'ériger en *factotum* » de la Municipalité & qui n'en eft que le brouillon.

Befferve. «Leblois a du Patriotifme; mais il veut tout faire, » tout favoir, & dernièrement encore il a voulu s'inveftir des » fonctions de Maire. »

Le Repréfentant demande fi, nonobftant ces faits, Leblois a la confiance du Peuple.

Le Peuple déclare qu'oui.

Il étoit dix heures du foir & le tumulte régnoit dans l'Aſſemblée, le Repréſentant de Peuple lève bruſquement la Séance.

Aujourd'hui dix feptembre mil fept cent quatre-vingt-treize, l'an fecond de la République, une & indiviſile, à fept heures du foir ; le Repréſentant du Peuple ouvre la Séance par le Diſcours fuivant : « Républicains, de concert avec moi, vous exercez
» ici l'Acte de votre Souveraineté : vous formez un Jury
» National du Département du Loiret, & je ne fais qu'appli-
» quer la Loi. Je vais vous conſulter fur ce qu'il me reſte à
» épurer des Adminiſtrations Publiques d'Orléans : nous paſſe-
» rons également en revue celles des Diſtricts de ce Départe-
» ment, que je n'ai pas le temps de viſiter, quoique je fente
» combien ma préfence y feroit néceſſaire »

« Je commence par le Tribunal Criminel dont les Membres
» décident de votre honneur, de vos vies & de vos fortunes :
» c'eſt vous dire aſſez qu'ils doivent réunir le Patriotiſme &
» la probité. »

Le Peuple interpellé fur Liger, Préſident, & fur Sézeur, Accuſateur public, déclare qu'ils ont fa confiance.

Chappuis leur reproche de n'être pas Membres de la Société Populaire; ils répondent qu'ils en fuivent aſſiduement les Séances & que le feul motif qui les ait empêché de s'y faire recevoir étoit la crainte qu'il ne vînt à fe diſcuter dans la Société quelque affaire qui fût enſuite portée à leur Tribunal, & qu'après y avoir émis leur vœu comme Citoyens, ils ne puſſent reprendre enſuite leur caractère public pour faire, fur un objet préjugé par eux, l'application de la Loi.

Le Citoyen Laplanche. « Ces futilités, ces prétextes ſpécieux
» qu'un mot pulvériſeroit, ne m'en impoſent point. Juges,

» Adminiſtrateurs, tout eſt confondu ſous le nom de Citoyens
» dans le ſein de la Société Populaire; vous en ſuivez, dites-
» vous, les Séances : mais vous n'êtes en cela qu'entraînés
» par le torrent des Ariſtocrates qui viennent eſpionner les
» amis du Peuple ; c'eſt une manœuvre que j'ai pu remarquer
» mainte & maintefois en fréquentant les Jacobins, & en pré-
» ſidant les Cordeliers de Paris. Je vous donne cette leçon,
» faites-en votre profit. »

Liger & Sézeur proteſtent du plaiſir qu'ils auront à ſe faire agréer par la Société Populaire.

Mollière & Rouſſeau demandent que tout Fonctionnaire public ſoit tenu d'en poſtuler l'entrée.

Le Repréſentant. « Goulu-Pryvé, Greffier du Tribunal
» Criminel, a-t-il la confiance du Peuple ? »

Le Peuple unanimement. « Oui. »

Bellecourt prie le Repréſentant de reprocher à Goulu la faute qu'il a commiſe.

Le Citoyen Laplanche. « C'étoit mon deſſein. Goulu, vous
» avez eu deux torts inexcuſables ; le premier, de vous être
» chargé d'une commiſſion dont vous ne connoiſſiez ni l'objet
» ni le but ; le ſecond, d'avoir ſigné un Acte liberticide. Je
» vous rappelle ces faits afin que vous ne vous croyiez pas un
» Patriote infaillible. »

« Je paſſe au Tribunal de Diſtrict & je demande le vœu
» du Peuple ſur Cahouet-Neuvy, Préſident. » Quelques voix ſe font entendre en ſa faveur ; le reſte ne le connoît pas.

Rouſſeau. « Si Cahouet eſt peu connu dans d'Orléans, c'eſt
» qu'il y demeure depuis peu, ayant été fixé long-temps à
» Paris en qualité de Préſident d'un des Tribunaux d'arron-
» diſſement de cette Ville. Mais je travaille tous les jours avec
» lui ; je dois rendre hommage à ſes lumières & à ſon Pa-
» triotiſme. »

Rousseau, Faure & Grata-Lefèvre, tous les trois Juges du même Tribunal, sont ensuite déclarés investis de la confiance du Peuple.

Perche le jeune, est noté comme douteux ; Foucault-Puffy, comme inconnu.

Foucault annonce qu'il n'habite Orléans que depuis la nouvelle formation du Tribunal ; il réclame en sa faveur auprès du Représentant du Peuple le témoignage de Dameron, député à la Convention Nationale, & dont il se dit l'intime ami. Il ajoute qu'il a fondé plusieurs Sociétés Populaires dans le Département du Cher, & que, s'il n'est pas Membre de celle d'Orléans, c'est parce que sa Famille réside à quelques lieues de cette Ville.

Le Citoyen Laplanche, d'après ces considérations & sans excuser Foucault du tort qu'il a eu de ne point postuler l'entrée de cette Société, réitère l'épreuve à son sujet : elle lui est favorable.

Dufour, Greffier, a pareillement pour lui la voix Publique.

Le Tribunal de Commerce qui n'étoit composé que de Riches Négocians, contre le vœu de la Loi qui veut que tous les Citoyens soient jugés par leurs pairs, est proscrit en entier par le Peuple qui refuse conséquemment sa confiance à Gombeault l'aîné, Président, à Charpentier-Benoist, Marcueyz le jeune & Lochon ; & ne la conserve qu'à Lazare Laguette, honnête marinier & vrai Sans-Culotte. Le Greffier Mallard, est pareillement rejetté.

Salomon & Peteau-Lasneau, Membres du Bureau de Conciliation, sont ensuite déclarés n'avoir pas la confiance du Peuple.

Delà les Juges de Paix sont passés au Creuset.

Pelletier & Pisseau le boiteux dénoncés, le premier par Rousseau, le second par un autre Citoyen, comme ne résidant pas dans l'arrondiſſement de leur fiège & ne ſe livrant point régulièrement à l'exercice de leurs places, ſont déclarés n'avoir pas la confiance de leurs Concitoyens.

Royer père, Sicard, Lemeſle, Piſſeau-Marguerite & Légier ſont agréés du Peuple. Bellecourt fait au dernier le reproche d'avoir abandonné la Société Populaire depuis l'époque de ſa nomination. Légier avoue ſon tort, cherche néanmoins à l'atténuer par quelques circonſtances & promet de le réparer.

Un Citoyen obſerve alors que tous les Fonctionnaires publics des Départemens d'Eure & Loire, & de Loir & Cher ſont membres des Sociétés Populaires, & en retirent, non point, comme on a voulu l'inſinuer, des entraves, mais des avantages & des facilités pour l'exercice de leurs fonctions ; il demande qu'il ſoit indiqué un délai, paſſé lequel tous ceux du Département du Loiret qui n'auroient pas ſuivi cet exemple, feroient déchus de leurs places.

Le Repréſentant du Peuple, en accueillant cette motion, annonce qu'il fera ce ſoir-même une réquiſition dont il ordonne que mention ſoit faite d'avance au Procès-Verbal, & tendant à impoſer cette obligation à tous les Fonctionnaires conſervés ou qu'il va créer pour remplacer ceux qu'aura frappé la voix de leurs Concitoyens. Il ajoute qu'il en fera délivrer une expédition à la Société Populaire, afin que tous ceux qui ne rempliront pas ce devoir ſoient dénoncés par elle à la Convention Nationale, de laquelle il ſe charge d'obtenir, s'il en eſt beſoin, un Décret coërcitif.

L'auteur de la précédente motion demande quelle conduite il faudra tenir par rapport à ceux de ces candidats qui ne feroient pas admis dans la Société.

Le Citoyen Laplanche obſerve que cet inconvénient ne pourra jamais avoir lieu, puiſque tous ceux qu'il conſerve ont la confiance du Peuple, & que tous ceux qu'il fe propofe de nommer font ou des Membres, ou des amis de la Société Populaire.

Sur la propofition d'un citoyen, les difpofitions ci-deffus font étendues à tous les Adminiftrateurs, Juges, &c. du Département du Loiret.

Des Juges de Paix, le Citoyen Laplanche defcend aux Commiffaires de Police. Chamouillet, Cazot-Lange, Royer l'aîné, & Cochard font déclarés avoir la confiance de leurs Concitoyens, Dutel feul eft douteux.

Un Citoyen reproche à ces Commiffaires d'avoir trop peu d'énergie; il loue l'activité patriotique de Biberon, & fur fa demande, le Repréfentant du Peuple promet à ce dernier, la première place vacante de Commiffaire de Police.

Le Citoyen Laplanche appelle enfuite le fcrutin épuratoire fur le Corps de la Gendarmerie nationale. Il proclame dans l'ordre qui fuit, les noms de ceux qui le compofent.

Compagnie d'Orléans.

Rochas, *Capitaine*. L'épreuve amène d'abord fur fon compte un réfultat douteux; mais fur l'obfervation que c'eft un ancien Garde-du-Corps, le Peuple l'exclut enfuite d'une voix univerfelle. Picard, *Lieutenant*, eft maintenu à l'unanimité.

Brigade d'Orléans.

Sonnier & Emmery, *Brigadiers*, ont pour eux la voix du Peuple.

Brigade d'Artenay.

Beaupré, *Maréchal-des-Logis*, n'eft pas traité moins favorablement.

Brigade de Baugenci.

Caudel, *Lieutenant*, & Rot, *Brigadier*, font également confervés.

Brigade de la Ferté.

Mefie, *Brigadier*, comme les deux précédens.

Brigade de Patay.

Delamarre, *Maréchal-des-Logis*, idem.

Brigade de Pithiviers.

Guinebault, *Lieutenant*, douteux. Quelqu'un obferve qu'il a été dénoncé par la Société Populaire de Pithiviers.

Souvigny. *Brigadier*, confervé. Plufieurs Citoyens demandent même que Delamarre & Lui, foient apoftillés avantageufement, comme bons Patriotes & braves Militaires.

Brigade de Malsherbes.

Villette, *Brigadier*, inconnu.

Brigade de Neuville.

Crefpin, *Brigadier*, confervé.

Brigade de Château-neuf.

Chaufour, *Maréchal-des-Logis*, inconnu.

Brigade de Gien.

Leberche, *Lieutenant*, confervé.

Compagnie de Montargis.

Le Coq, *Capitaine*, confervé.

Brigade de Montargis.

Fardet, *Brigadier*, inconnu.

Brigade de Boifcommun.

Pafquier-Leyde, *Lieutenant*. On obferve que c'eft un ci-devant Garde-du-Corps; Sezeur néanmoins, fon compatriote, élève la voix en faveur de fon patriotifme : il eft confervé.

Le Repréfentant du Peuple demande des renfeignemens fur les Adminiftrations des divers Diftricts : il obferve qu'il s'eft procuré fur celle de Pithiviers des notions, d'où il réfulte que, dans le Directoire du Diftrict, il n'eft de Patriote que Froc le jeune, & que la Municipalité généralement eft mauvaife.

Un Citoyen fait l'éloge des Adminiftrateurs du Diftrict de Neuville, qui font tous d'honnêtes cultivateurs ; il rend particuliérement hommage au civifme du Procureur - Syndic & du Secrétaire.

Plinguet fils déclare que, le Procureur - Syndic excepté, le Directoire du Diftrict de Baugenci eft abfolument nul & fans la moindre énergie.

Un Citoyen dénonce le Maire de cette ville pour des faits qui font reconnus n'être que des perfonnalités.

Nul éclairciffement ultérieur n'eft donné fur les autres Adminiftrations de Diftricts.

Un tumulte indécemment prolongé fe manifeftoit dans l'Affemblée. Le Repréfentant du Peuple, après l'avoir enfin fait appaifer, prend la parole & dit : « Républicains, je voulois tout devoir
» à la fraternité, à la confiance, & rien à l'autorité ; mais
» puifque vous vous obftinez à méconnoître la dignité des hautes
» & fublimes fonctions à l'exercice defquelles je vous appelle en
» ce moment, je viens de mander la force armée pour qu'elle
» réprime & mette en arreftation les féditieux »

Le calme renaît & le Citoyen Laplanche expofe à la cenfure publique les Miniftres du Culte falarié.

Le Peuple déclare à l'unanimité que l'Evêque du Département a fa confiance. Un Citoyen demande pour quelle raifon raifon il habite Paris depuis plufieurs mois.

Le Citoyen Laplanche tranquillife le Peuple fur cette abfence: il annonce que Jarente eft à Paris pour les intérêts de la Commune d'Orléans, qu'il affifte fréquemment à la Convention Nationale, & qu'il n'a de liaifons qu'avec les Députés Montagnards.

Le Confeil Epifcopal eft mis enfuite aux voix. Soret étoit douteux : quelqu'un rappelle fon expulfion de la Société Populaire & décide contre lui la négative.

Le même doute avoit lieu pour Fromental. Rouffeau rend hommage à fes talens, à fa philofophie ; il demande feulement
qu'il

qu'il revienne dans le sein de la Société Populaire, qu'il a depuis long-temps désertée.

Pignon. « Je n'excuserai point cette désertion ; mais on connoît
» sa froideur & son goût pour la solitude. Il est un des premiers
» qui, au berceau de la Révolution, ait voté pour l'abolition
» des Trois-Ordres; son patriotisme est d'autant plus désin-
» téressé qu'il a perdu, avec l'ancien régime, un revenu très-
» avantageux. Du reste, je me fais garant du plaisir avec le-
» quel il se rapprochera de la Société Populaire, si elle-même
» consent à le rapprocher d'elle. »

D'après ces explications, l'épreuve relative à Fromental est réitérée; le résultat lui en est favorable.

Arnaud & Pilat qui lui succédent, donnent lieu à des observations semblables. Rousseau se plaint uniquement de ce qu'ils renferment dans l'obscurité du cabinet les lumières & les qualités dont ils sont doués. « Il ne leur manque, ajoute-t-il,
» que de fréquenter la Société Populaire. »

Pignon observe, par rapport au dernier, qu'il n'est point étonnant qu'il se produise peu dans Orléans, puisque, depuis quatre à cinq mois, il parcourt les Campagnes pour y répandre l'instruction.

Ces réflexions déterminent le vœu du Peuple en faveur de l'un & de l'autre.

Bourdon, présenté par Rousseau comme Fanatique & perpétuellement entouré de dévotes, est proscrit à ce titre par l'Assemblée Républicaine.

Gouthière est mis aux voix; il est exclus sur la motion de Rousseau qui rappelle que, lors de l'établissement de la République, il parla pour la conservation de la Royauté.

Paris, Gérente, Septier, Rochaz, Perrin & la Courcelle sont conservés ensuite à l'unanimité.

G

Le Détachement que le Citoyen Lap'anche avoit mandé se présente.

« Citoyens de la force Armée, dit le Représentant, il est
» pénible pour moi d'être obligé de vous donner des ordres
» sévères : mais, dans ma personne, on doit honorer la Repré-
» sentation Nationale ; je vous ordonne de faire la patrouille
» autour de cette Salle & de mettre en arrestation quiconque
» oseroit se permettre d'en troubler le calme religieux. Je
» déclare de plus aux Citoyens qui m'y réduisent, que je ne
» paroitrai plus désormais dans cette enceinte qu'entouré de
» l'appareil imposant de la force Publique, & j'intime au Com-
» mandant du dix-neuvième Régiment l'ordre exprès d'établir
» ici dorénavant un piquet de 50 hommes. »

Henry Rochaz, Capitaine de Gendarmerie Nationale se présente en ce moment. Il expose qu'il étoit absent lorsque l'opinion Publique lui a été défavorable ; il demande à se justifier
par l'organe de son Frère. Le Peuple consent à entendre ce
dernier.

Rochaz, Prêtre, rappelle d'une manière obscure & entor-
tillée le Patriotisme constant de son frère. Il divague ensuite
& s'obstine à ne parler que de lui personnellement sans dire
un mot de celui dont il avoit entrepris la défense.

Rousseau se constitue alors le Défenseur officieux de Henry
Rochaz. « Je le connois depuis six ans, dit-il. Il étoit à la
» vérité Garde-du-Corps ; mais les circonstances l'avoient ancien-
» nement forcé d'accepter cette place. Il a dès le commencement
» de la Révolution, organisé une Compagnie de Volontaires
» dont il avoit la confiance. (Ici plusieurs Soldats de cette
» Compagnie élèvent leurs voix en faveur de Rochaz.) J'étois
» alors, poursuit Rousseau, Vicaire de la Paroisse sur laquelle
» il demeuroit ; je le voyois souvent & je ne lui ai jamais
» entendu tenir que des propos civiques. Rochaz n'a été l'en-

» nemi de l'ex-Lieutenant-Colonel Fontaine Moreau que pour
» s'être comporté dans sa place en honnête homme; & c'est
» la raison pour laquelle, lors de la demande récemment faite
» par Rochaz du Certificat de Civisme que la Loi exigeoit
» de lui pour conserver l'exercice de ses fonctions, & qu'il
» a obtenu de la Commune Sans-Culotte d'Orléans, j'ai cru
» faire un Acte de justice en votant en sa faveur. J'ajouterai
» que lorsque les Chevaliers du Poignard, montés sur des
» chevaux superbes, parcouroient insolemment notre Ville,
» Rochaz s'est refusé constamment à leur réquisition. »

Cette défense est vivement applaudie, cependant un Citoyen s'étonne que Rousseau ne l'ait pas faite au moment où Rochaz a été jugé par le Peuple.

Chamouillet observe que la création d'une Compagnie Volontaire dans un temps où ces Corps de troupes étoient souvent l'instrument des projets contre-révolutionnaires, ne peut être un titre au Patriotisme.

Une Citoyenne dépose que son mari, Gendarme à la résidence de Neuville, étant aux frontières, elle avoit conservé son logement; mais que depuis étant venue passer à Orléans plusieurs mois dans le sein de sa famille, elle avoit momentanément cédé ce logement à un autre Gendarme; que lors de son retour à Neuville, voulant reprendre la jouissance de ses droits, elle fût maltraitée par le Brigadier, & que s'en étant venue plaindre à Rochaz qui eût dû sur-le-champ lui faire rendre justice, il la reçut extrêmement mal.

Henry Rochaz. « Si je fis à cette femme un accueil froid,
» c'est que j'avois été prévenu par l'exposé contradictoire du
» Brigadier; mais elle doit ajouter, par respect pour la vérité,
» que dès que j'eus éclairci le fait je lui fis rendre le logement
» qui lui étoit dû.

Nicole « Lors de l'affaſſinat de Léonard Bourdon, il a
» paſſé pour conſtant que Rochaz étoit du nombre des Che-
» valiers du Poignard ; je ne lui fais ce reproche que pour
» le mettre à portée de s'en laver ; qu'il prouve que ce ſoir-
» là même il n'étoit point à cheval à la Maiſon Commune &
» qu'il n'en eſt pas ſorti par la porte de l'Epervier.

Henry Rochaz. « La Loi du 3 août met la force publique
» entre les mains des Autorités Conſtituées & ſpécialement
» des Maires & Procureurs des Communes : je ne parus à la
» Municipalité qu'à midi. J'eus à trois heures du ſoir une réquiſition
» par écrit de raſſembler mon poſte à la Maiſon Commune : à
» huit heures & demie j'étois fatigué, j'allai me coucher ;
» une nouvelle réquiſition que le Brigadier m'apporta, me
» contraignit de me lever, je me mis à la tête de la cazerne
» dans l'intérieur de la cour de l'Hôtel Commun, & perſonne
» n'en ſortit. »

L'Aſſemblée applaudit à cette juſtification.

Plinguet fils. « Il eſt à ma connoiſſance que dans les Cam-
» pagnes de ce Département, Rochaz eſt la terreur des
» Ariſtocrates. »

Légier fait part qu'au mois de mai dernier, il fût appellé,
en ſa qualité de Juge de Paix, pour un vol fait à S. Paterne,
& que c'eſt par les ſoins infatigables de Rochaz qu'il parvint
à reconnoître l'Auteur de ce délit qui s'élevoit à plus de
cinquante mille francs.

Un Citoyen. « J'étois ſeul ſentinelle le 16 mars, près de
» la Salle du Conſeil de la Municipalité dans un moment où
» Bourdon parloit ſeul ; Rochaz ſortit du Conſeil en diſant :
» va te faire f.... » Cette dénonciation n'eſt pas accueillie.

Mollière. « Je me ſuis plaint, il y a quelque temps, à la
» Société Populaire, d'être revenu de Paris ſans que perſonne
» ſe préſentât ſur la route pour viſiter mon Paſſeport. Le

» Citoyen Lamarre, Maréchal-des-Logis, a rendu ces plaintes
» à Rochaz qui, pour se procurer le plaisir d'embarrasser un
» Patriote dans ses propres filets, a donné l'ordre de m'arrêter
» lorsque je me promènerois aux environs d'Orléans, présu-
» mant bien qu'alors je ne serois certainement pas muni d'un
» Passeport. Le Citoyen Septier peut attester ce fait.

Septier. « Lamarre dit, à la vérité, qu'il se feroit donner cet
» ordre par Rochaz; mais il est faux que Rochaz l'ait donné. »

Le Citoyen Laplanche. « Rochaz, j'ai trois questions à vous
» faire. Depuis quel temps avez vous cessé d'être Garde-du-
» Corps? »

Rochaz. « Depuis le 6 octobre 1789. »

Le Citoyen Laplanche. « Etes-vous de la Société Populaire?
» Je n'en suis pas. »

« Qu'elles sont vos liaisons en cette ville? »

« Toutes avec des Patriotes; j'ai depuis long-temps quitté
» celles qui pouvoient être suspectes. »

Le Représentant du Peuple. « Maintenant, Citoyens, c'est
» à vous de prononcer définitivement; tous les jours la Con-
» vention nationale rapporte des Décrets. Rochas est sorti vic-
» torieux de tous les chefs d'accusation dirigés contre lui. Le
» seul reproche qu'on puisse lui faire, & qui lui est commun
» avec plusieurs Fonctionnaires conservés, c'est de n'être pas
» de la Société Populaire. Mais ce mal peut se réparer. Je vais
» mettre, de nouveau, Rochas aux voix. Qu'un seul *Oui*, ou
» qu'un seul *Non* bien prononcés, se fassent entendre. Si la pas-
» sion ne s'en mêloit, je m'en tiendrois à la première décision.
» Rochaz a-t-il la confiance du Peuple? Une voix unanime
» déclare que Oui. »

Le Citoyen Laplanche. « Rochaz, si le Peuple Souverain n'eût
» pas rapporté son jugement, ce soir-même vous étiez destitué,
» mais j'aime mieux trouver des innocens que des coupables,

» & vous avez ma confiance, puisque vous avez celle de vos
» Concitoyens. »

« Je reprends maintenant les Miniſtres du Culte. Je jette
» les yeux ſur une liſte de Dames & Demoiſelles des Pauvres;
» comment peut-il en exiſter encore? Je recommande à la
» Municipalité d'Orléans de prendre des meſures promptes pour
» que leurs fonctions ſoient exercées par un Comité de Bien-
» faiſance. »

« Il s'agit de paſſer les Curés d'Orléans au creuſet de l'o-
» pinion publique. Ne perdez jamais de vue, Citoyens, que
» ce ſont les Prêtres qui mettent en feu la Vendée, les Fron-
» tières de l'Eſpagne & du Nord. Ne conſervez votre confiance
» qu'à ceux qui, par un civiſme ardent, ſont à l'abri de tout
» ſoupçon. »

« Barbazan, curé de S. Paul, eſt rejetté par la voix publique.
» On l'accuſe d'avoir mis 50,000 liv. au commerce des Grains,
» & de ne fréquenter que des Ariſtocrates. »

Le Repréſentant du Peuple dit enſuite : Charles, curé de
» S. Paterne, que Collot & moi nous avions deſtitué pour cauſe
» d'inciviſme notoire, a ſu ſe faire réintégrer par un Décret
» que des manœuvres clandeſtines ont ſurpris à la Convention
» Nationale. Je dois prendre, en conséquence, avec beaucoup
» de ſolemnité, le vœu du Peuple au ſujet de cet homme.

« A-t-il la confiance publique ? »

Toute l'Aſſemblée ſe lève contre lui.

Le Citoyen Laplanche. « Je prie les Citoyens de répondre
» exactement aux queſtions ſuivantes : »

« Charles a-t-il un Certificat de Civiſme ? »

« Eſt-il de la Société Populaire ? »

« Fréquente-t-il les Patriotes ? »

« Fait-il du bien aux indigens ? »

Sur chacun de ces objets, le Peuple déclare que non.

Le Représentant. « D'après ces détails, je récidive l'épreuve
» relative à Charles. » Il est proscrit une seconde fois.

Le Citoyen Laplanche. « Le vœu des Citoyens n'est pas
» douteux, & je suis suffisamment éclairé pour destituer Charles
» en pleine connoissance de cause ; mais le désir extrême que
» j'ai de régulariser ma conduite, & de rendre à la Convention
» Nationale le compte le moins équivoque de mes opérations,
» m'imposent la nécessité de réclamer une troisième fois l'ex-
» pression de l'opinion publique sur le compte d'un homme
» qui, secondé par des machinations sur lesquelles des consi-
» dérations puissantes me défendent de porter le flambeau de
» la vérité, a réussi à étayer son incivisme de l'autorité de la
» Convention Nationale. Je requiers le Peuple qui m'entend
» de déclarer, pour la troisième fois, en son ame & conscience,
» & en se dépouillant de toute passion, si Charles est investi
» de sa confiance. »

Le Peuple prononce le troisième non à la même unanimité.

Girard, prêtre de la même Paroisse, a la confiance du Peuple.

Pataud, Curé de S. Marceau, l'a perdue ; quelques voix
même demandent qu'on le transfère à l'Abbaye.

Rousseau. « Plinguet vient de m'assurer que le Curé de
» Baugenci a fait cette année, le jour de l'Assomption, la
» Procession des rois. » Plinguet affirme le fait. Le Maire de
Baugenci qui se trouvoit présent à la Séance, donne à ce sujet
quelques éclaircissemens. « Le Curé, dit-il, vint me trouver
» la veille à la Municipalité où j'étois seul, pour me demander
» s'il pouvoit faire cette Procession. Je lui répondis que seul je
» ne délibérois pas, & qu'il eût à venir dans un autre moment.
» Il prit apparemment cette réponse pour une approbation, car
» le lendemain la Procession se fit. J'observe au surplus qu'il est cons-
» tant que toutes les prières relatives aux rois ont été retranchées,
» & qu'on a même douté si cette Procession n'avoit pas S. Roch

» pour objet. J'ajoute que le Curé eft un galant homme, mais
» un peu naïf, & qui fans doute en cela n'a point eu d'intention
» criminelle. C'eft ainfi qu'en ont jugé le Diftrict & la Munici-
» palité à qui le fait a été dénoncé, & qui n'ont pas cru qu'il
» fût fufceptible de fuite. »

Le Repréfentant du Peuple reproche au Maire de Baugenci fon indulgence coupable fur cet objet, & blâme également la conduite du Diftrict & de la Municipalité.

Le Citoyen Laplanche demande enfuite aux Officiers Municipaux d'Orléans s'ils ont obéi à fes Réquifitions relatives à la taxe d'office. L'un d'eux annonce que la Circulaire eft à l'impreffion, & qu'elle paroîtra dans les vingt-quatre heures.

« La Commune d'Olivet, dit le Citoyen Repréfentant, m'a
» porté des plaintes amères contre un vieil avare, nommé
» de Courcelle, qui ferme fes tréfors aux befoins de l'Indigent :
» voici ce que j'ai fait. J'ai requis par écrit cette Municipalité
» d'impofer à cet Egoïfte une contribution forcée de 6000 liv.,
» qu'il feroit tenu d'acquitter dans un délai très-court, fous
» peine d'arreftation ; j'ai recommandé aux Officiers Municipaux
» d'employer une partie de cette fomme en achats de grains,
» & de verfer le furplus dans les chaumières des parens des Dé-
» fenfeurs de la Patrie. Ce n'eft-là, leur ai-je ajouté, que pour
» fubvenir aux dépenfes d'une femaine : fi la fuivante amène de
» nouveaux befoins, elle amenera de nouvelles contributions. »

Une Lettre en ce moment eft remife au Repréfentant du Peuple. Elle étoit relative à la mauvaife qualité du Pain que fourniffent les Boulangers d'Orléans. Le Citoyen Laplanche annonce qu'il a pris des mefures pour réprimer cet attentat contre l'humanité. « Plufieurs Citoyens, dit-il, font venus ce
» matin me montrer du pain au prix de 28 fous, & que j'ai
» trouvé très-noir & très-mauvais. J'ai donné fur le champ des
» ordres pour faire punir celui qui l'avoit fait & vendu. J'ai
requis

» requis la Municipalité de faire exécuter l'Arrêté qu'elle a
» pris ces jours derniers, en ma préfence, pour enjoindre aux
» Boulangers de ne faire qu'une feule qualité de pain. Le Comité
» de Subfiftances eft en outre chargé de l'approvifionnement de
» tout le Diftrict, & j'attends un fuccès complet de la réunion
» de ces mefures. »

La Salle retentit des cris de *vive la République! vive la Montagne!*

Mollière. « Il femble que les Boulangers fe coalifent avec les
» Ariftocrates. Le pain qu'ils vendoient 28 fous étoit le même
» qui fe vendoit précédemment 19 ; encore par une manœuvre
» incompréhenfible, étoit-il moins beau que celui qui ne valoit
» dans le même temps que 26 fous. Je demande qu'il foit conftruit
» de nouveaux fours dans cette Ville, & que chaque Section
» ait le fien. »

Le Citoyen Laplanche. « Cette idée eft excellente, & nous
» préviendrons par-là les raffemblemens qui fe forment au tour
» des boutiques des Boulangers. Il faut multiplier ces derniers ;
» qu'il en exifte un par Section, & même deux dans les Sections
» populeufes. Je requiers la Municipalité de faire travailler dès
» demain à ces nouveaux fours, & de pourvoir à la dépenfe
» que leur conftruction occafionnera par des articles addition-
» nels aux Lettres qu'elle doit envoyer aux riches qu'elle
» taxera d'office. Je requiers en outre expreffément les Maire
» & Officiers Municipaux de choifir & de défigner, dès
» demain matin, les emplacemens qui recevront cette defti-
» nation facrée. »

Le Repréfentant du Peuple avoit ouvert la Séance fous les aufpices de l'Equité févère ; il la lève à dix heures & demie du foir, fous celles de l'Humanité bienfaifante, & au milieu des applaudiffemens & des cris d'allégreffe de toute l'Affemblée

Aujourd'hui vingt-deux feptembre mil fept cent quatre-vingt-treize, l'an deuxième de la République, une & indivifible, à dix heures du matin, en exécution de la réquifition du Citoyen Laplanche, Repréfentant du Peuple, & conformément à l'Adreffe de l'Adminiftration du Département à fes Concitoyens, en date du vingt de ce mois; tous les Corps Conftitués, Civils, Militaires & Judiciaires, la Société Populaire & les Sections d'Orléans, les Envoyés des Affemblées Primaires du Département à la Convention Nationale, & une foule immenfe de Citoyennes, fe font rendus à l'Eglife Saint-Paterne, précédés du Repréfentant du Peuple.

Le Citoyen Laplanche ouvre la Séance, ainfi qu'il fuit : « Répu-
» blicains, le dix août mil fept cent quatre-vingt-treize a été
» l'époque de la Régénération univerfelle de la République
» Françoife ; il faut que le vingt-deux feptembre mil fept
» cent quatre-vingt-treize foit l'époque de la Régénération du
» Département du Loiret. Jufqu'ici ce Département à marché
» en fens inverfe de la Révolution : le jour de la Révolu-
» tion Nationale qui luit enfin fur nos têtes, doit être le plus
» beau de notre vie, puifqu'il va dépofer la force & l'autorité
» dans les mains des Patriotes, & enchaîner à leurs pieds
» les Fédéraliftes & les Confpirateurs. Je vais, en vertu de
» mes pouvoirs illimités, exercer de grands Actes de Juftice,
» marqués, les uns au coin de la févérité, les autres au coin
» de la clémence, & dictés tous par la droiture & par
» l'intime fentiment du bien. »

« Je vous préviens que la plûpart des Fonctionnaires Publics
» qu'il s'agit de remplacer ici m'ont envoyé leurs démiffions
» par écrit : ce n'eft point une raifon pour que je les accepte.
» La Convention Nationale & fon Comité de Salut Public,

» que j'ai confultés fur ce point, m'ont fait paffer pour toute
» réponfe, le mandat impératif des hautes fonctions qui m'ont
» été déléguées. »

» Le Repréfentant du Peuple a dû pefer les délits Nationaux
» dans la balance de la juftice & diftinguer avec foin les
» Magiftrats plus ou moins coupables. Je deftituerai les uns en
» vertu de mes pouvoirs illimités ; les autres, je les laifferai
» fous le coup de la Loi, afin qu'à la première fauffe dé-
» marche de leur part, fon glaive redoutable s'appéfantiffe
» fur leurs têtes. »

« Je commence par l'Adminiftration fupérieure du Dépar-
» tement. J'avois envoyé, pour la remplacer, des Lettres de
» nomination dans tous les Diftricts : quelques-uns des Citoyens
» auxquels elles s'adreffoient, ont refufé par le motif de
» l'utilité de leur préfence à leur pofte ; d'autres ont accepté ;
» c'eft vous dire affez que j'ai voulu faire concourir tous les
» Diftricts à la compofition de l'Adminiftration Départemen-
» tale. »

Ici, fur la réquifition du Repréfentant du Peuple, tous les Membres du Directoire du Département s'approchent du Bureau, fauf le Citoyen Bouhebent, abfent pour caufe de maladie.

Le Citoyen Laplanche. « En vertu de mes pouvoirs illi-
» mités, je deftitue tout le Directoire du Département, &
» je n'en conferve qu'un feul que je proclamerai à fon tour. »

» Il en eft un autre cependant, & il n'en eft qu'un, dont
» je puis accepter la démiffion. C'eft le Citoyen Benoît, Pré-
» fident : je dois dire à fa louange, qu'il n'a point figné la
» Lettre Fédéralife. Il m'a lui-même envoyé fa décoration
» pour en revêtir fon fucceffeur. Citoyen Benoît, je ne vous
» conferve point, parce que vous manquez de force & d'é-
» nergie ; j'accepte votre démiffion, mais fans vous deftituer.

» en rentrant dans vos foyers, reportez y l'efprit de Répu-
» blicanifme que vous n'avez jamais puifé dans l'Adminiftra-
» tion à laquelle vous étiez attaché : profitez de ce grand
» exemple pour reconquérir l'eftime publique. »

D'après l'ordre du Repréfentant, tous les Membres du Directoire dépofent fur le Bureau leurs décorations dont les frais leur feront rembourfés.

Le Citoyen Laplanche. « Je nomme pour Préfident Jarente,
» Evêque du Département. (Applaudiffemens.) Il eft malade
ainfi que fon Médecin vient de me l'attefter : mais s'il étoit
» préfent, je lui adrefferois ce Difcours que j'invite la Renom-
» mée à lui reporter : Jarente, oubliez que vous êtes Evêque,
» pour fonger que vous êtes chef d'un Département ; vous
» devez dépouiller entièrement l'ancien régime qui vous don-
» noit le droit d'exifter fomptueufement fans rien faire ! vous
» n'avez maintenant qu'une tâche à remplir ; c'eft d'être un
» bon & utile Citoyen. »

Le Citoyen Laplanche à Devilliers. « Je ne reçois point votre
» démiffion ; je vous deftitue : Je nomme à votre place Plinguet
» fils, de Baugenci. »

« Affelineau eft aux Armées, je le conferve, à caufe du
» rare exemple qu'il a donné de fon amour pour la Répu-
» blique ; mais il eft inftant que fa place ne demeure pas va-
» cante ; je la fais occuper provifoirement par un excellent
» Citoyen, par un honnête Négociant, qui n'a point partagé
» les fpéculations avides & défaftreufes des Gens de fon état ;
» c'eft Mainville, ci-devant Notable d'Orléans, qui tiendra,
» en outre, dans le Confeil la place de Bitry, de Puifeaux, Ad-
» miniftrateur démiffionnaire. Mainville, vous avez l'eftime &
» la confiance de vos Concitoyens ; fervez-vous en pour opé-
» rer le bien public, & profitez fur-tout de votre influence

» fur les Banquiers, pour qu'ils imitent votre défintéreffement.
» J'obferve que la nomination de Mainville lui fait d'autant
» plus d'honneur, qu'il ne percevra point d'émolumens. Affelineau
» eft moins riche; c'eft lui que la Nation paiera. »

« Je conferve Marchand, de Pithiviers, pour avoir eu le cou-
» rage de ne point figner l'Adreffe fédéralifte. »

« A la place de Levaffeur, de Boifcommun, que je deftitue,
» fans accepter fa démiffion, je nomme Thomas Robin, fon
» Compatriote. *(à Thomas Robin)*. Vous êtes avancé en âge;
» vous devez avoir toute la maturité, toute la prudence des
» cheveux blancs; on m'a rendu de vous un témoignage affez
» flatteur; quelques voix dénonciatrices fe font cependant fait
» entendre au milieu de ces éloges; mais vos bonnes qualités
» l'emportent fur vos défauts : foyez Républicain prononcé;
» profitez de l'exemple de vos devanciers pour ne jamais prendre
» d'arrêté liberticide. »

« A la place d'Aubry, de Jargeau, je nomme Parmentier,
» vrai Sans culotte : pour effayer fon courage, je lui ai donné
» une miffion importante dans le Diftrict de Pithiviers; il a
» juftifié ma confiance, & n'abufera jamais des fonctions dont
» je l'inveftis. » (Applaudiffemens.)

« Voici l'Adminiftrateur qu'il me coûte infiniment de ne
» point conferver, c'eft le Citoyen Charrier; je fuis convaincu
» qu'il n'a péché que par excès de foibleffe & par féduc-
» tion. Je ne puis recevoir fa démiffion; mais je dois déclarer
» aux Citoyens du Département qu'il emporte les regrets du
» Repréfentant du Peuple. Je nomme, pour lui fuccéder, le
» Républicain Marie. (Applaudiffemens.)

« A la place de Bazin, je nomme le brave Sans-culotte Mollière,
» Officier Municipal. Mollière, en changeant d'écharpe, vous
» ne changez point de fonctions, vous en prenez feulement
» de plus importantes, mais vos obligations font les mêmes. »

« A la place de Bouhébent, abfent pour caufe de maladie,
» & que je deftitue formellement, je nomme un brave Sans-
» culotte, très-utile à cette Cité, bon travailleur & qui juf-
» tifiera mon choix; c'eft le Citoyen Donnery. » (Le Peuple
applaudit.)

« Bellecourt a quitté le Confeil du Département dans un
» temps où il voyoit triompher les germes du Fédéralifme :
» je le réintègre dans fa place ; il eft fait maintenant pour y
» fiéger. »

« La cheville ouvrière d'une Adminiftration fupérieure, c'eft
» le Procureur-général-Syndic ; ce font ces Fonctionnaires qui
» ont perdu la France, allumé le flambeau de la Difcorde
» civile, & donné la main à Bordeaux, Marfeille & la Ven-
» dée. »

« Je deftitue Sochet, fans accepter fa démiffion ; je nomme
» pour lui fuccéder, un grand travailleur qui ne reftera point
» au deffous des efpérances que j'ai conçues de lui ; il pof-
» sède déjà votre eftime, & fon patriotifme lui a valu les
» vexations des Ariftocrates, au point de lui faire éprouver
» le refus d'un Certificat de Civifme. A ce trait, la voix pu-
» blique a nommé le Citoyen Septier. » L'Affemblée crie *bravo!*
(*A Septier.*) « Vous avez été Prêtre, mais le pofte que vous
» allez occuper exige l'abnégation formelle de vos premières
» fonctions. La Convention nationale, par un Décret falutaire,
» vient de fupprimer les Vicaires Epifcopaux, très-largement
» payés pour ne rien faire ; Vous allez recevoir un falaire plus
» honorable & mieux mérité. Je vous requiers de renoncer au
» Miniftère des Autels, pour vous livrer fans réferve à la
» douce jouiffance de faire le bonheur de vos Concitoyens ;
» &, pour fapper par leurs fondemens, les préjugés religieux,
» je vous invite à l'hymen. »

La Salle retentit de cris de *vive la République ! vive la Montagne !*

Le Repréſentant obſerve que le Citoyen Septier, lorſqu'il quittera l'exercice de ſes fonctions adminiſtratives, reprendra ſes droits à la penſion de 1,200 l. qui lui eſt due, en qualité de ci-devant Vicaire Epiſcopal.

Le Repréſentant déclare enſuite qu'il maintient dans ſa place le Citoyen Bignon, Secrétaire général.

Le Citoyen Laplanche. « Républicains, les Adminiſtrateurs » fédéraliſtes ne ſont plus; des Patriotes leur ſuccèdent; je » demande, pour ma propre ſatisfaction, que l'Aſſemblée dé- » clare ſi j'ai fait un bon choix. »

Le Peuple l'affirme avec enthouſiaſme, & aux cris multipliés de *vive la Montagne! vive Laplanche!*

Le Repréſentant. « Mes chers Concitoyens, c'eſt le déſir » d'aſſurer votre bonheur qui a dirigé toutes mes opérations; » encore quelques jours, ſous l'ancienne adminiſtration du Dé- » partement, & la Vendée vous atteignoit. Je dévoile ici ce » Myſtère profond d'iniquité, dont la trame a été découverte. » Les dignes ſucceſſeurs de ces Magiſtrats pervers veilleront » perpétuellement ſur votre repos & ſur vos intérêts. »

« J'arrive à l'adminiſtration de Diſtrict. Le ci-devant préſi- » dent, Jacob l'aîné, m'a préſenté ſa démiſſion que je refuſe. » Il n'a eu, dans tous les temps, que le maſque du Patrio- » tiſme; il favoriſoit les Fédéraliſtes, ſa correſpondance le » prouve; il doit être frappé du glaive de la Loi. Je proclame » pour ſon ſucceſſeur, Légier, Juge de Paix, à Orléans. » (*Au Citoyen Légier.*) « Le Repréſentant doit à ſes Concitoyens la vé- » rité tout entière. Je vous nomme avec crainte & en tremblant. » Vous avez des talens & de l'eſprit; mais vous êtes formaliſte » & vous avez avec des Ariſtocrates des liaiſons qu'il eſt

» nécessaire de rompre. Aimez avec passion la République
» qui vous honore & vous estime, & n'oubliez jamais que
» vous êtes un Administrateur Révolutionnaire. »

« A la place de Feuillâtre, Aristocrate déguisé, je nomme
» un brave Citoyen, un parfait honnête homme, c'est le Ci-
» toyen Cailleau, qui va chérir la République comme son
» idole. »

« A la place vacante de Clément Lamy, je nomme le
» Citoyen Louvel-Piot, Négociant. »

« A celle de Lanson, je nomme un Cordonnier, honnête
» homme & bon Républicain, c'est le Citoyen Dallaine :
» vous pouvez voir que ce n'est point généralement dans ce
» qu'on appeloit ci-devant les *gens comme il faut* que j'ai
» puisé mon choix. Je l'ai fixé de préférence en faveur des
» Artisans qui réunissent le civisme & la probité. »

« J'en suis au Directoire du District. Chesneau, Officier
» Municipal & qui a bien mérité de ses Concitoyens, va
» succéder à Lanson, qui, du Conseil, avoit passé dans le
» toire »

« A la place de Paupaille dont j'accepte la démission par
» des considérations puissantes, je nomme Cretté, ancien pre-
» mier assesseur de Juge de Paix. »

« A celle de Lambert le jeune, que je destitue, je nomme
» le Citoyen Constant, Notable. »

« A celle de Dupuis, Procureur-Syndic, qui a perdu la
» confiance du Peuple, je nomme le Citoyen Aignan, employé
» au Département. (*Au Citoyen Aignan.*) Jeune Citoyen,
» le Représentant du Peuple vous donne en ce moment une
» preuve éclatante de l'estime qu'il a pour les qualités sociales :
» vous êtes encore d'un âge bien tendre & vous étiez com-
» pris dans l'appel fait par la Patrie à la jeunesse Françoise : je
» vous donne un brevet de dispense, mais en même temps je vous

nvestis

» inveſtis de fonctions bien importantes & qui réclament de
» vous le zèle le plus actif & le plus ſoutenu. Peut-être au com-
» mencement de la Révolution à-t-on eu à vous reprocher
» quelques propos inconſéquens ; mais maintenant vous allez
» être un Patriote irréprochable. Je prévois qu'indépendamment
» des épines dont la carrière que vous allez parcourir eſt
» ſemée, vous aurez à lutter contre une infinité d'obſtacles.
» Il ne ſera point de pièges que la malveillance ne tende à
» votre jeuneſſe pour jetter de la défaveur ſur le choix du
» Repréſentant du Peuple ; ſoyez ferme à votre poſte &
» défendez-vous de toutes les ſuggeſtions perfides qui pour-
» roient vous circonvenir. Ce qui ſur-tout a déterminé mon
» ſuffrage en votre faveur, c'eſt la piété filiale qui vous ca-
» ractériſe. Je ſais que vous êtes l'unique appui de votre
» famille, & je veux prouver, en vous inveſtiſſant de ma con-
» fiance, que la Convention Nationale ſait rendre hommage
» aux vertus. »

Le Peuple applaudit à ces diverſes nominations.

Le Citoyen Laplanche. « C'eſt à préſent le tour de la
» Municipalité d'Orléans. J'obſerve que j'ai précédemment
» deſtitué Lebrun, Architecte, comme ayant perdu la con-
» fiance publique & la mienne.

« Je conſerve Elie Vinſon, Maire, Pignon, Procureur
» de la Commune, & Bonneau ſon ſubſtitut. Ces trois Ma-
» giſtrats ſont dignes d'avoir entre leurs mains les intérêts du
» Peuple. Voici le Tableau nominatif des Officiers Munici-
» paux & des Membres compoſant le Conſeil Général de la
» Commune. Tous ceux de ces Fonctionnaires qui n'y ſont pas
» portés ceſſeront dès-lors d'être revêtus de l'écharpe popu-
» laire. Je ne les deſtitue pas ſévèrement, mais je les crois
» indignes d'exercer leurs fonctions.

I

Elie VINSON, Maire.

OFFICIERS MUNICIPAUX.

Payen,	Perrin,
Guigneux,	Pelletier-Rou,
Besserve,	Fabien-Thiercelin,
Alger,	Bardin,
Dupuis,	Paris,
Segretier,	Delaubel,
Thion,	Rocher,
Cusson,	Gemelas.
Pierre Lebrun,	

NOTABLES.

Lottin,	Derat,
Bélin,	Barberon,
Sallé,	Girard,
Barou,	Chamouillet,
Lebeau,	Dutertre,
Leblois,	Mantin,
Bardon,	Lemoine,
Laguette,	Rousseau,
Nicole,	Chantaloup,
Rozier,	Lecomte,
Grégoire,	Goullu-Pryvé,
Menard,	Chapiotin,
Judon,	Dupart-Sauvigny,
Romagnésy,	Morize,
Martinet,	Belet,
Deschamps,	Boiteau,
Trousseau-Laurent,	Royer,
Hoguet,	Leblond.

Voillaume, Secrétaire – Greffier.

Le Citoyen Laplanche. « Mon intention étoit de deſtituer
» Leblois. Il m'a ſemblé un intrigant qui veut ſe mêler de
» tout ſans rien connoître. Il s'eſt préſenté chez moi d'une
» manière indécente, mais le Repréſentant du Peuple ne veut
» pas venger les injures du Citoyen Laplanche. C'eſt la raiſon
» pour laquelle je le maintiens à ſon poſte. J'ajoute qu'il eſt
» réſulté de l'interpellation faite à ſon égard, que Leblois
» eſt honoré de la confiance publique, & j'ai voulu donner
» au Peuple cette marque de mon reſpect pour ſes déci-
» ſions. »

« Laguette eſt en commiſſion; redites lui, Citoyens, que
» je le conſerve parce que je lui crois des intentions droites;
» mais recommandez lui fortement, au nom du Repréſentant
» du Peuple, de ne plus donner carrière aux élans de ſon
» cerveau fougueux & de s'abſtenir déſormais de motions
» incendiaires. »

« Guillon, votre nom eſt rayé de cette Liſte; ſous un
» maſque Républicain, vous êtes le patron & l'inſtrument de
» l'Ariſtocratie. Je vous interdis toutes fonctions dans la Muni-
» cipalité. »

« Je paſſe aux Commiſſaires de Police. Je conſerve Cha-
» mouillet, Cazot-Lange & Cochard. Je ſubſtitue à Royer
» l'aîné, dont je diſpoſe autrement, Gigou, Commis à la
» Municipalité. Dutet étoit douteux; je le maintiens cepen-
» dant, parce qu'il a mis beaucoup de zèle dans les arreſta-
» tions que j'ai ordonnées. Comme je veux que chacun des
» ſept Cantons d'Orléans ait ſon Commiſſaire de Police, j'en
» nomme deux nouveaux, au moyen deſquels les Adjoints
» choiſis par les Sections ceſſeront leur ſervice. Ces deux
» Commiſſaires ſont Hoguet, Notable, & Biberon, dit
» *Duchêne.* » (Applaudiſſemens.)

« Depuis trois mois & demi Biberon a exercé gratuite-
» ment ; je requiers la Municipalité de le payer pour cet
» espace de temps. Les Commissaires de Police n'ont reçu jus-
» qu'ici que 800 liv. d'appointemens. Cette somme est au-dessous
» de leurs services, & la cherté des denrées la rend insuffi-
» sante pour leur subsistance. Je porte à 1500 liv. le traite-
» ment de ces Commissaires. »

« Liger, Président du Tribunal Criminel, & Sezeur,
» Accusateur Public, ont été conservés par la voix du Peuple.
» Plein de déférence pour les Jugemens du Souverain, je les
» maintiens à leur poste ; mais je leur dois une grande leçon.
» Je leur reproche de ne point se livrer aux devoirs de leur
» place avec assiduité, & d'être sourdement les amis des
» Aristocrates. Sezeur en particulier, songez que la Nation
» vous salarie, & que vous devez travailler pour la Nation
» & dans le sens de la Nation. Profitez de votre esprit &
» de vos talens pour remplir avec distinction les fonctions
» importantes qu'elle vous a déléguées. »

« Je conserve Goulu-Pryvé, Greffier. »

« Je maintiens également en fonctions tout le Tribunal
» du District. Guillon, vous avez, il y a quatre jours, été
» nommé, en qualité de Suppléant, à une place vacante de
» Juge ; je devrois vous destituer. Mettez la main sur la cons-
» cience, vous savez que vous n'êtes qu'un Feuillant, qu'un
» Modérantiste. Je vous interdis toute fonction publique autre
» que celle de Juge. Livrez-vous sans relâche à l'étude des
» Loix, vous employerez mieux votre temps qu'à préparer la
» défense officieuse des Aristocrates. »

« En lisant le Procès-Verbal des décisions du Peuple Sou-
» verain, j'ai vu que tous les Membres du Tribunal de

» Commerce avoient, à l'exception d'un feul, perdu la con-
» fiance publique. Pénétrés d'un jufte repentir, ou craignant
» les peines infligées à la deftitution, ils m'ont offert leur
» démiffion à diverfes reprifes. J'ai eu befoin de contre-ba-
» lancer les intérêts d'Orléans avec ceux de la République;
» & j'ai penfé que je ne devois pas deftituer d'office &
» révolutionnairement des Négocians dont l'abfence, l'incarcé-
» ration, la tradition peut-être au Tribunal Révolutionnaire
» jetteroient une allarme & une confternation univerfelles. Le
» Repréfentant du Peuple a dû prouver aux Ennemis de la
» chofe publique que, malgré toutes les calomnies, la Con-
» vention Nationale aime le Commerce, parce qu'il eft l'ame
» d'un état Républicain. En conféquence, pour ne point
» flétrir des Pères d'une nombreufe famille, je nomme pure-
» ment & fimplement à leur place, fans accepter ni refufer
» leur démiffion. »

« A la place de Gombault, Préfident, je nomme Lazare
» Laguette, Marinier. »

« A celle de Charpentier-Benoît, je nomme Chapiotin
» fils. »

« Charpentier, la fortune aveugle vous a comblé de fes
» dons; mais, pour un Républicain, le premier tréfor doit-
» être l'eftime de fes Concitoyens. Le Repréfentant du Peuple
» fait que vous êtes Ariftocrate par intérêt, quoique la Révo-
» lution vous ait prodigieufement enrichi. Vous, ainfi que vos
» pareils, Raffineurs, Banquiers, Négocians, ne pouvez re-
» conquérir l'eftime publique, que par un facrifice pécuniaire
» d'au moins 40 à 50 mille livres par tête, pour fubvenir,
» foit aux befoins de l'Indigent, foit à des achats de Subfif-
» tances. »

« Charpentier, le Repréfentant du Peuple détourne les
» yeux pour ne point voir l'altération qu'impriment à votre
» vifage les convulfions de l'avarice. En expiation de votre in-
» civifme, en reftitution des produits défordonnés de vos
» avides fpéculations, je vous taxe révolutionnairement à une
» fomme de 50,000 liv., à verfer, cette femaine, dans la
» Caiffe des fubfiftances. »

Des cris de *vive la République! vive la Montagne!* reter-
tiffent de tous les coins de la Salle.

« A la place de Lazare Laguette que je viens de créer
» Préfident, je nomme Gaudry-Hanapier. »

« A celle de Marcueyz le jeune, je nomme Bizot-Com-
» pérat. » Marcueyz, vous avez dû prendre votre part de la
» morale faite à Charpentier; moins riche que lui, vous êtes
» auffi Ariftocrate. Vous donnerez 20,000 liv.

« A Lochon l'aîné, je fubftitue Pliffon-Tiercelin; au Greffier
» Mallard, Royer l'aîné. »

« Indépendamment des deux Citoyens qui viennent de
» paroître à ma Barre, il en eft quelques autres que je
» dois impofer auffi. Je taxe Gombault & Lochon, chacun
» à 6,000 liv. Mallard, Greffier, qui a cinq enfans, mais
» qui eft Ariftocrate, donnera 500 liv.; & fi famedi pro-
» chain, ces diverfes fommes ne font pas verfées dans la Caiffe
» du Comité Central de Bienfaifance de la Commune d'Or-
» léans, je requiers le Comité Révolutionnaire que je vais
» créer, de mettre en arreftation les individus qui doivent les
» fournir, & de dreffer Procès-verbal de la conduite qu'ils
» auront tenue pour être par moi ftatué ce qu'il appartiendra. »

BUREAU DE CONCILIATION.

« A la place de Salomon, ex-conſtituant, qui a perdu la
« confiance du Peuple, je nomme Romet, Homme de Loi.
» Je ſais qu'il étoit autrefois l'*Avocat des mauvaiſes cauſes*,
» mais ici il n'aura qu'un beau rôle à jouer, & par le bien
» qu'il aura la poſſibilité de faire, je lui donne les moyens
» de réparer le mal qu'il a fait. »

« A la place de Peteau-Laneau, je nomme Cailleau, Auber-
» giſte. »

« J'ai oublié, dans les précédentes Séances, de mettre aux
» voix Iſambert & Dulac. » Le Peuple déclare qu'ils ont ſa
confiance.

Le Repréſentant. « Je les conſerve. A la place de Jarente,
» je nomme Lapommeraie, Perruquier. »

« A la place vacante de Belouet, je nomme Darnault-
» Morant, Imprimeur. »

JUGES DE PAIX.

« Je conſerve les Juges des quatre Sections du premier Canton
» d'Orléans, qui ſont Royer père, Légier, Sicard & Piſſeau-
» Marguerite. »

« Je deſtitue formellement Pelletier, Juge du deuxième Can-
» ton; je nomme à ſa place Lefièvre, jardinier. »

« Je deſtitue également Piſſeau le boiteux, Juge du troiſième
» Canton; je le remplace par Chapiotin père. »

« Je maintiens dans ſes fonctions François Lemeſle, Juge du
» quatrième Canton. »

MINISTRES DU CULTE SALARIÉ.

« Je conserve Jarente, Evêque du Département ; la Nation
» vient de lui rogner un peu les ongles, & c'est bien fait. »

« Ce qui formoit son Conseil Episcopal vient d'être supprimé
» comme Administration parasite ; mais les Vicaires Episcopaux
» n'ayant pas perdu tous la confiance publique , je vais en
» placer quelques-uns, réduire les autres à la pension de 1,200 l.
» & proclamer les noms de ceux que le Peuple a proscrits. »

« Si la Convention n'eût pas rendu, pour les supprimer, un
» Décret récent, je destituerois Soret, Bourdon & Gouthière,
» que la voix publique a frappés. Je ne les destitue point , mais
» je les prive du traitement de 1,200 liv. qu'ils ne méritent
» plus. »

« Les autres qui n'ont pas été déclarés avoir perdu la con-
» fiance du Peuple, doivent tâcher de se rendre plus utiles &
» mériter de devenir Curés. Je les invite d'abord à faire, en
» se mariant, un acte de Civisme, car nous avons besoin de Répu-
» blicains pour réparer les pertes que la guerre nous fait éprou-
» ver. » (Vifs applaudissemens.)

« En attendant, ceux que je ne ferai pas Curés , jouiront
» de la pension que la Loi leur accorde. »

« Avant de nommer les Curés, je dois dire un mot du Sé-
» minaire. Lasseux, supérieur, est détenu; Lagane, Directeur,
» vient, dit-on, de se marier ; cela me fait bien augurer de
» son Patriotisme ; il faudra le placer. On m'a parlé d'un
» nommé Janvier, qui se mêle aussi d'Aristocratie ; c'est un
» petit Damoiseau que je prive de la pension. Sans le Décret,
» je le destituerois ; je supprime tous les appointemens atta-
» chés au Séminaire. Ceux qui depuis deux ans les ont perçus,
ont

» ont indignement volé le Tréfor National, & fi, comme
» Prêtres, ils avoient tant foit peu de confcience, ils feroient
» obligés à reftitution. »

« A la place de Barbazan, Curé de S. Paul, & que je def-
» titue, comme perturbateur du repos public & colporteur
» d'Adreffes incendiaires, je nomme Pâris, Notable. »

« A celle de l'Ariftocrate & fanatique Charles, curé de S.
» Paterne, que je deftitue formellement, avec privation de
» tout traitement; je nomme le brave Citoyen Girard.

« A celle de Luzarche, Curé de S. Laurent, que j'ai déjà
» deftitué, lors de ma première Commiffion avec Collot d'Her-
» bois, je nomme le Patriote Pignon, Procureur de cette Com-
» mune. »

« A celle du Curé de S. Euverte, qui vient de mourir, je
» nomme Gérente, Vicaire Epifcopal. »

« A celle de Pataud, que je deftitue formellement & que
» j'ai fait traduire à l'Abbaye, comme également perturba-
» teur du repos public, fauteur des déchiremens de la Vendée,
» & entretenant avec des Anglois & Angloifes une correfpon-
» dance liberticide, je nomme Fromental, Vicaire Epifcopal. »

« Républicains, voilà vos Adminiftrations tout à fait épurées;
» le crible national les a purgées du venin Ariftocratique. Le
» Département du Loiret va maintenant fe fignaler dans les
» faftes de la République Françoife. Vous allez être un peuple
» nouveau, fous les Aufpices de vos Adminiftrations régénérées;
» j'ai déjà écrit à la Convention nationale, pour rendre de vous
» un témoignage honorable, & vous ne le démentirez pas.
» Ecrions-nous donc tous à l'envi, dans l'élan du Patriotifme
» & de la Fraternité : *Vive à jamais la Convention nationale!*
» *Vive la République!* »

K

Des cris univerfels répondent pendant un long efpace de tems à ceux du Repréfentant du Peuple.

« Je n'ai encore rempli que la moitié de ma miffion : il faut,
» pour la completter, que la levée en maffe s'exécute, que
» les fubfiftances foient affurées, que de grandes mefures foient
» déployées dans l'intérieur contre les Ariftocrates. »

« Voici, en conféquence, la Proclamation que j'adreffe aux
» Envoyés des Affemblées primaires de ce Département, pour
» la fête du 10 août, & qui fe termine par les pouvoirs dont
» je les inveftis pour ces grandes Opérations. Il fera néceffaire
» qu'ils s'adjoignent les Sociétés Populaires & les Adminiftra-
» teurs Patriotes. »

« Je caffe le Comité Révolutionnaire établi par les Sections;
» il m'a paru hétérogène. Les membres font trop peu affidus
» & trop nombreux ; je les réduis à cinq avec permiffion de
» s'en adjoindre deux feulement. »

« La lecture du plan de mon travail va vous faire connoître
» que la follicitude du Repréfentant du Peuple a embraffé toutes
» les branches d'Adminiftration. »

Rouffeau lit la Proclamation du Repréfentant du Peuple aux Envoyés des Affemblées primaires, fuivie des Pouvoirs qu'il leur délègue : il eft inutile de reproduire ici ces deux actes qui ont été livrés de fuite à l'impreffion, & vont recevoir la plus grande publicité.

Le Citoyen Laplanche. « Républicains, vous voyez qu'avec
» ce *Compendium* de Politique & d'Adminiftration, les En-
» voyés des Affemblées primaires & mes Délégués, font par-
» faitement inftruits. »

« Citoyens des Affemblées primaires, commencez vos opé-
» rations ; l'Adminiftration du Département eft requife de fur-

» veiller la prompte impreffion de ma Proclamation, & de
» l'envoyer par des Courriers extraordinaires aux Corps ad-
» miniftratifs de fon arrondiffement. »

« Nous allons inftaller le Département, le Diftrict & la
» Municipalité; puis, nous terminerons par une Promenade
» Civique, cette journée qui doit être à jamais mémorable
» dans les Annales Républicaines du Département du Loiret. »

Le Répréfentant du Peuple lève la Séance & fort avec les
nouveaux Magiftrats du Peuple, au milieu des cris univerfels
de joie, d'applaudiffemens & de bénédictions.

Signé, LAPLANCHE, Repréfentant du Peuple.

AIGNAN, Secrétaire du Repréfentant.

A Orléans, chez L. P. COURET, de l'Imprimerie du Département, rue du Colombier.

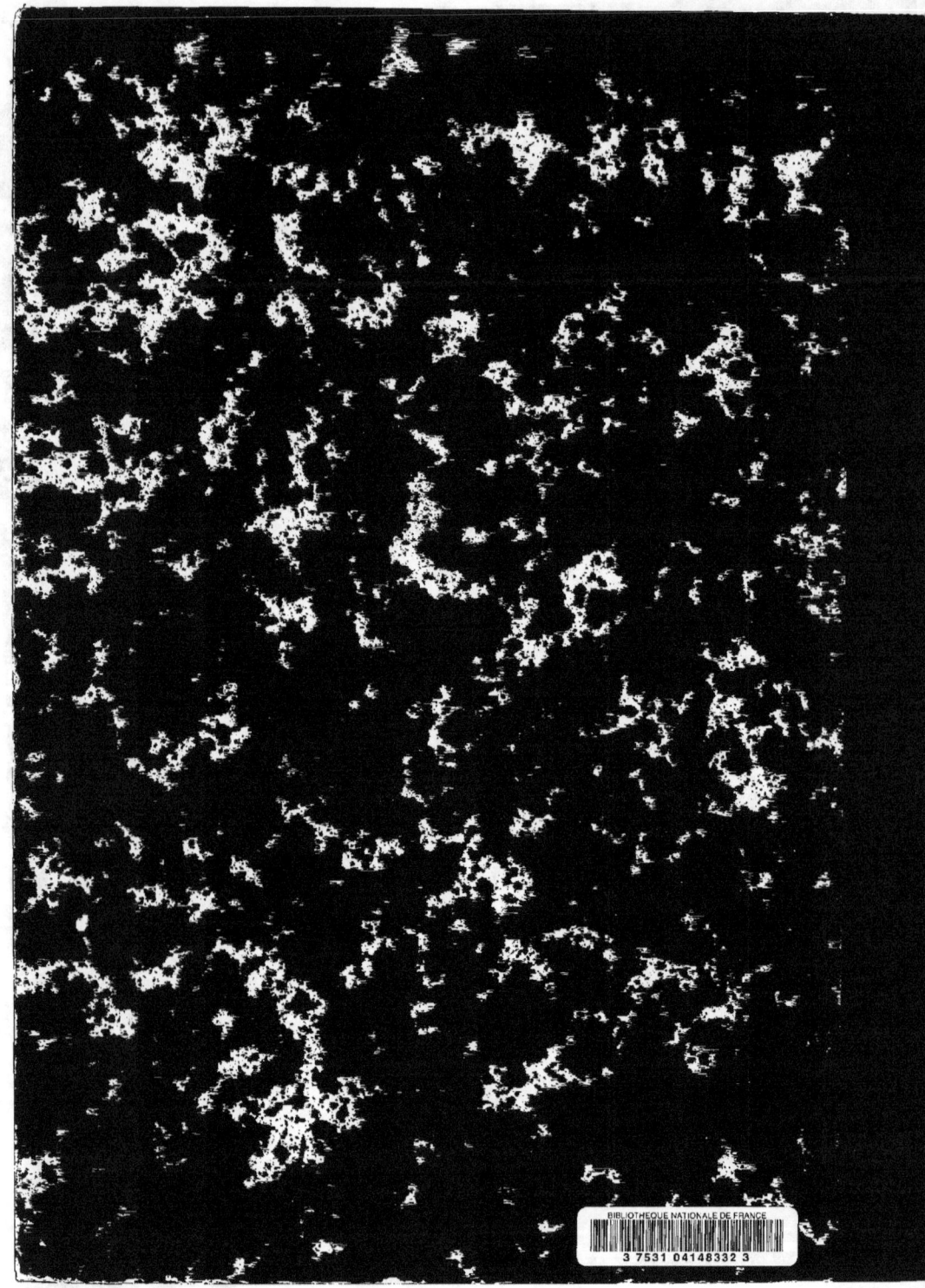

www.ingramcontent.com/pod-product-compliance
Lightning Source LLC
LaVergne TN
LVHW020944090426
835512LV00009B/1706